LA JEUNESSE N'A PAS D'ÂGE

HUGUES AUFRAY

LA JEUNESSE N'A PAS D'ÂGE

Mes secrets de forme

Avec la collaboration de Virginie Michelet

À mon ange gardien,
en remerciement…

SOIXANTE-DIX-SEPT ANS... MOI ?

Fin mai 2006, enregistrement d'une émission de télévision.

Dans ma loge, j'ai placé mes objets personnels près du miroir. La photo de mon frère bien-aimé Francesco – disparu trop jeune et il y a si longtemps –, le *book* où je conserve les paroles de mes chansons, des cartes pour les dédicaces, et mes affaires de toilette. Par terre, j'ai posé un sac contenant des vêtements de rechange.

J'attends que l'on vienne me chercher.

La plupart du temps, les organisateurs font venir l'artiste trop tôt. En réalité, un spectacle, quel qu'il soit, implique un monde fou, et il faut toujours compter avec du retard. Parfois beaucoup ! Pour certains, ces moments qui précèdent l'entrée en scène sont une véritable épreuve de patience, pour d'autres, un moment difficile et rempli de doutes. Certains s'isolent. Moi, je ne suis pas du genre à me réfugier dans une tour d'ivoire. Il me suffit de bavarder un peu avec mon équipe, de me détendre en leur compagnie, de passer le temps, tout simplement, pour diluer mon impatience. Autrement dit, j'ai remplacé les interviews intempestives dont les journalistes sont friands avant les concerts par des moments d'amitié et de tranquillité. Et je ne m'en porte que mieux !

Ce jour-là, une amie m'a rejoint dans ma loge. Le Dr Christine Janin s'occupe de l'association « À chacun son Everest », dont je suis l'un des membres fondateurs. Nous nous sommes rencontrés à Flaine il y a douze ans. Elle venait de renoncer à sa vie de grimpeuse – la première femme à avoir conquis l'Everest, c'est elle –, et elle voulait allier ses deux passions, la médecine et la montagne. Elle s'est alors engagée dans la voie de l'humanitaire, avec une belle métaphore : « Moi, j'ai conquis l'Everest, et pour des milliers d'enfants malades la guérison représente le sommet qu'ils veulent atteindre. En les emmenant gravir les Alpes, je vais les aider dans ce combat. »

Je tenais absolument à ce que cette femme courageuse, si fragile d'apparence et si forte en réalité, soit invitée à mes côtés lors de l'émission. Son témoignage sera l'illustration d'une de mes convictions : on ne peut pas vivre heureux sans donner. Christine et moi échangeons donc quelques mots, quelques idées sur l'association.

Enfin, on me prévient. C'est l'heure.

Je pénètre à l'intérieur du studio. Le public, nombreux, s'est levé pour m'applaudir. Je me dirige vers ma place et m'assieds face au présentateur. Celui-ci me lance un sourire complice. Je suis un peu ému, touché par l'accueil, content d'avoir été invité ici. Je sais que mon passé sera évoqué. Et j'ai bien préparé tout ce que j'ai envie de dire sur les êtres que j'aime, mes musiques préférées, certains épisodes de mon existence.

Tout à coup – l'expérience ! –, je réalise que je n'aurai probablement pas le temps de développer mes idées... Mais c'est la loi du genre, me dis-je aussitôt. Combien de fois m'est-il arrivé de rester sur un plateau de télévision plusieurs heures d'affilée et, en sortant, d'avoir l'impression de n'y être resté que quelques minutes...

*
* *

L'enregistrement de l'émission commence. Le présentateur prononce sa première phrase devant la caméra :

– Hugues, ta vie te ressemble : tu ne vieillis pas !

Il marque un temps d'arrêt et annonce de sa voix claire :

– Mesdames et messieurs, nous recevons aujourd'hui Hugues Aufray, toujours parmi nous, bien au-delà des modes...

Je souris.

*
* *

Il a raison, je suis loin d'avoir l'emploi du temps d'un papy à la retraite... Plutôt celui d'un homme dans la force de l'âge, il me semble. D'ailleurs, la retraite, je n'imagine même pas ce que cela pourrait donner. Ne plus chanter ? Ne plus composer ? Ne plus vivre comme j'aime ? Ce n'est pas encore pour aujourd'hui. J'ai bien trop d'énergie pour m'arrêter.

Peut-être trop, effectivement. Entre un spectacle tardif, une interview et une journée en studio, il m'arrive de ne dormir que trois heures. Je ne le conseille à personne, tout en admettant que je résiste assez bien à ce genre de traitement, heureusement occasionnel.

11

Ma vie ressemble à une balade. Avec mes musiciens. À droite, à gauche, ici et là… Je bouge sans arrêt : lundi en répétition toute la journée, mardi en concert au Petit Journal à Paris, mercredi en enregistrement pour une chaîne de télévision, jeudi en studio pour créer mon nouvel album, vendredi en concert à Montereau, samedi en concert à Maubeuge. Et lundi prochain, ça recommencera : les Saintes-Maries-de-la-Mer, puis émission à Carcassonne, gala à Chantilly, un autre à Nantes et, en fin de semaine, concert à Marseille en hommage à Marcel Dadi, grand guitariste décédé dans un accident d'avion il y aura exactement dix ans…

Pas exactement l'idée qu'on se fait d'un homme de soixante-dix-sept ans… Mais je suis bien placé pour savoir que l'on est vieux avant tout dans sa tête. C'est un cliché, mais c'est vrai !

Je mène cette existence bien remplie parce qu'elle me convient et que j'ai appris, petit à petit, à me protéger et me ressourcer. J'ai toujours été très actif et je ne me souviens pas m'être jamais ennuyé, tout simplement parce qu'il est dans ma nature de vivre mes passions à fond. Je me dis souvent que j'aurais pu faire n'importe quoi, vu toutes les envies que j'ai, dont j'ai réalisé certaines : la course automobile, le cheval, le ski, la peinture, la sculpture, l'agriculture, le chant, la guitare… sans compter toutes les formes de complicité, ainsi que le plaisir sans cesse renouvelé d'être entouré de mes proches.

Est-ce la soif d'embrasser la vie dans toutes ses dimensions qui me dynamise ? Certainement. Mais il y a plus. Il y a tout ce que j'ai pu glaner en cours de route, toutes les souffrances (même minimes) qui m'ont amené à trouver des ressources au fond et autour de moi. Toutes mes rencontres. Tout ce qui m'a rendu meilleur au cours des ans : un homme plus à l'écoute, un guitariste plus affirmé, un chanteur plus performant, un compositeur plus assuré… Et je le dis sans vanité ni fausse modestie : j'en suis fier et heureux car j'y ai mis beaucoup de travail.

*
* *

On me parle souvent de ma vitalité. On me demande sans arrêt quels en sont les secrets. Mais jamais je n'aurais pensé écrire un livre à ce propos… En réalité, le « destin » en a décidé pour moi. En l'occurrence, il a pris la forme de mon voisin et ami de trente ans Alain Marouani, qui fait régulièrement son jogging devant mes fenêtres. Nous habitons un petit coin tranquille dans la forêt de Fausse-Repose, à Marnes-la-Coquette.

Un jour, Alain s'arrête dans sa course et me salue d'un « Alors Hugues, toujours en forme ? ». Je réponds positivement et le voilà qui me demande : « Dis donc, je pensais à une chose, tu n'aurais pas envie de raconter *comment* tu te trouves *toujours en forme* ? » Je sens bien qu'il a une idée derrière la tête, mais je ne m'attends tout de même pas à ce qu'il enchaîne aussitôt : « Tu es libre, le 23 ? J'ai pensé que nous pourrions déjeuner avec mon ami Michel Lafon, tu verras, il est très sympathique… »

Et je suis tombé dans le gentil traquenard d'Alain, collaborateur d'Eddie Barclay et photographe de talent, avec d'autant plus de plaisir qu'il avait raison. Après un déjeuner où nous nous sommes tous trois – Alain Marouani, Michel Lafon et moi – bien accordés, j'ai pris la décision de les livrer, ces fameux « secrets »…

Mais pas tout seul ! Voyez-vous, j'adore lire et j'adore parler, mais l'écriture et moi sommes fâchés depuis l'enfance, à cause de tous les problèmes de dyslexie et d'apprentissage qui ont empoisonné ma vie de petit garçon. Bien sûr, cela ne m'empêche pas d'écrire mes chansons, mais de là à rédiger un livre...

C'est alors que Michel Lafon me présenta Virginie Michelet, charmante sage-femme des mots et des phrases. Nous nous sommes tout de suite bien entendus, et nous avons beaucoup échangé durant les quelques mois d'élaboration de cet ouvrage. En effet, je me suis replongé dans mes lectures anciennes, et je lui ai fait découvrir des auteurs et des pensées qui, d'après ses dires, lui ont ouvert de nouveaux horizons. Parallèlement, elle a su m'écouter et retranscrire mes idées. Bref, l'ouvrage que vous avez entre vos mains est le fruit d'une collaboration. Je voulais que cela soit dit.

*
* *

Rapidement, je me suis pris au jeu, passant en revue certaines périodes de ma vie, mes difficultés, et les solutions que j'y avais apportées. J'ai compris qu'il pouvait y avoir matière à transmettre mes expériences. Et puis je me suis rappelé cette chanson qui m'avait toujours fasciné, et que j'avais autrefois composée sur un air de Bob Dylan. Une chanson dont le titre m'apparaissait tout à coup comme prémonitoire : *Forever Young*. En français, cela donne *Jeune pour toujours* – j'ai tenu à ce que les paroles soient placées en fin de ce livre. Amusants, les clins d'œil du temps !

*
* *

Quels que soient nos parcours, nous avons tous la possibilité de prendre en main notre destinée physique et morale, puisque l'une ne va pas sans l'autre. Beaucoup d'entre nous ont aussi la faculté de rester jeunes et en bonne santé pendant de belles années. Encore faut-il se pencher sur la question, le plus tôt étant le mieux.

Je ne possède pas de recettes miracle, seulement quelques fruits secrets de mon attachement aux traditions, lesquelles trouvent de plus en plus de résonances dans les prescriptions de la médecine actuelle ; fruits également de mes rencontres, de mes découvertes et de mes expérimentations. Le tout étant toujours frappé au coin du bon sens.

Par ailleurs, je ne suis pas un spécialiste de tel ou tel domaine mais plutôt un homme curieux de la vie et libre de ses choix. Et c'est cette liberté – ce mélange de mon expérience personnelle, de mes réflexions et de mes lectures –, que j'aimerais transmettre dans ce livre. Non comme un professeur – je ne suis pas un donneur de leçons car je cultive trop le doute pour cela –, mais plutôt comme un grand frère qui viendrait, doucement, s'asseoir près du lecteur et lui donner quelques conseils, lui murmurer quelques idées et lui raconter quelques histoires. Je ne revendique que ce plaisir, en espérant qu'il sera réciproque...

J'ai fait en sorte que chaque facette de ce recueil comporte des exemples tirés de ma vie, de celle de mes amis ou des livres que j'aime. Les exemples permettent de comprendre souvent bien plus facilement que n'importe quel discours. J'ai voulu également formuler des suggestions, qui sont autant d'exercices possibles. Des invitations à explorer mes propositions par vous-même, selon vos envies. Parfois, il suffit juste de se poser les bonnes questions pour trouver des solutions...

*
* *

Quand j'y pense, parler de la forme, du bien-être, des sagesses de la vie quotidienne, me paraît presque naturel aujourd'hui où je repousse avec succès les assauts de l'âge et où ma joie de vivre est toujours au rendez-vous.

Et pourtant...

Si vous aviez un jour parlé à mes parents de ce projet de livre, ils vous auraient ri au nez. Et encore plus mes frères, habitués à me considérer comme une « petite nature ».

Oui, vous avez bien lu. Une petite nature...

Première partie

LE CORPS

– I –

ACCEPTER SA DIFFÉRENCE

Dans le domaine de la santé, il existe des injustices criantes. Et de réelles difficultés, qui nous tombent dessus parfois dès la naissance. Je crois fermement que je ne serais pas apte à écrire ce livre si je n'avais pas eu des soucis de santé très jeune.

J'ai bien dit « soucis », et non maladie grave. Mon corps n'en a pratiquement pas gardé de séquelles. En revanche, les enfants ayant horreur de se singulariser, mon esprit, lui, est resté marqué pendant de nombreuses années. J'avais le sentiment cuisant d'être différent. Que n'aurais-je pas donné pour être comme mes frères ?

Si j'ouvre cet ouvrage avec ce problème spécifique, c'est qu'il concerne chacun d'entre nous dans notre manière intime de nous percevoir. Or la façon dont nous nous voyons conditionne notre attitude vis-à-vis de notre santé.

Nous sommes tous différents, mais nous avons du mal à l'accepter. Bien sûr, pour certains qui sont, par exemple, handicapés, le chemin se révèle bien plus long et difficile. Pour d'autres, cela dépendra de leur caractère et de la manière dont l'entourage les encouragera. De manière générale, quel que soit le problème rencontré, à un moment ou à un autre de notre existence, nous sommes tentés de nous comparer aux autres. Et quand nous le faisons, nous pensons presque toujours : « Ils sont mieux que moi et ils ont plus de chance ! » Souvent, nous nous faisons des idées car nous ignorons ce qui se passe réellement chez eux. L'herbe paraît toujours plus verte dans le pré du voisin, et cela peut devenir décourageant...

Lorsqu'un enfant est malade pendant un certain temps, il sent bien qu'il n'est pas comme tout le monde. Même si « le monde », pour un petit, est souvent réduit à sa famille. Pourtant, les adultes pourront être impressionnés par la force des enfants qui passent à travers ce genre d'épreuves. Si l'on sait la transformer, une faiblesse peut vraiment devenir un atout.

Les maladies de mon enfance ne furent pas graves, mais elles furent constantes et m'empêchèrent d'avoir la même vie que celle de mes frères. Cependant j'en ai retiré, en fin de compte, beaucoup de bénéfices. Comme si ce que la nature m'avait repris d'une main m'était redonné de l'autre.

18 août 1929

Dans la clinique de Neuilly-sur-Seine où je viens de naître, on s'affaire autour de l'accouchée, pendant que d'autres s'occupent de me nettoyer. Me voilà langé et présenté à maman.

Celle-ci, épuisée, trouve tout de même la force de sourire. Le petit sourire pâle d'une femme qui aimerait bien un peu de répit : Jean-Paul – trente-six mois –, Francesco – dix-huit mois –, et le petit Hugues – quelques heures –, les naissances se suivent à un rythme trop rapide pour l'organisme de cette mère de trente et un ans… Du moins, c'est ainsi que l'on explique son état de fatigue et sa dépression post-partum particulièrement importante. Conséquence immédiate : elle ne peut m'allaiter comme mes frères. La nature, bien faite, l'empêche de se vider totalement de son énergie et de ses vitamines en la privant de la possibilité de nourrir son petit dernier. « Repos absolu », dit le médecin. Il demande que l'on me fasse boire du lait de vache, une évidence à cette époque.

Mauvaise surprise : je ne le supporte pas du tout.

Ça commence plutôt mal. Je dépéris à vue d'œil, on n'arrive pas à trouver ce qui me convient. Ce n'est pas faute d'essayer : tout le monde est affolé. Quelques heures de plus sans nourriture me seraient fatales. Heureusement, le médecin a tout à coup cette idée judicieuse :

– Donnez-lui du babeurre !

On se dépêche d'en trouver. Je l'ingurgite sans peine. Le liquide aigrelet qui subsiste dans la baratte après la formation du beurre est bien plus facile à digérer. Bref, je fais mes débuts dans l'existence en buvant déjà du petit-lait. Plus sérieusement, je lui dois ma survie…

À la suite de mes problèmes d'alimentation, on diagnostique un début de rachitisme, cette maladie de la toute petite enfance qui frappe beaucoup de gens pauvres – ce que nous sommes très loin d'être à cette époque – et qui se manifeste par une carence en vitamine D. Elle est rapidement enrayée par le docteur, encore une fois.

L'histoire pourrait s'arrêter à ces débuts un peu chaotiques, mais elle continue, comme pour me ranger définitivement dans la catégorie des « différents ».

À l'âge où un enfant doit être propre, autour de deux ans, je continue à mouiller ma couche. En fait, je suis énurétique. Ce mot, je ne l'apprendrai que plus tard. Mais la réalité qu'il recouvre, je la cerne très vite : je dois dormir dans la chambre des parents pour être réveillé au milieu de la nuit et me rendre aux toilettes ; j'ai honte que l'on change mes draps le matin ; je ne peux aller chez des amis passer la nuit ; je ne suis pas logé à la même enseigne que mes frères — tous les deux dans la même pièce et partageant jeux et bagarres ; bref, je représente l'exception, le mouton noir, celui à qui il faut faire attention.

Je revois une scène marquante, un peu plus tard. Ma nounou fait couler mon bain et me demande d'y entrer. Je refuse d'obtempérer et me mets à crier à tue-tête : je ne veux pas qu'elle me voie nu. Un véritable esclandre. On va chercher ma mère, on essaie de me raisonner. En réalité, si je gronde comme un animal sauvage, c'est simplement que les soins constants dont je fais l'objet m'énervent ! Mes frères, eux, se débrouillent bien tout seuls, alors pourquoi pas moi ?

Vers sept ans, on s'aperçoit que j'ai une hyperthyroïdie. Là aussi, rien de grave, cette maladie se soigne très bien chez les enfants, il suffit de supporter les piqûres d'iode. Bien sûr, j'accueille le médecin avec crispation. Ma fesse se raidit dès que je sais qu'il va me piquer, et l'aiguille me fait mal à chaque fois.

Jusqu'au jour où je fais un effort et décide d'écouter ce qu'il me dit et de me décontracter. Quel soulagement ! La douleur disparaît. Dans ma tête d'enfant, je prends conscience qu'en me montrant bienveillant vis-à-vis de ceux qui me veulent du bien, je me fais un cadeau. Je comprends aussi que j'ai en moi les ressources pour faire face à des événements déplaisants : il faut juste se montrer courageux. Enfin, je me dis que la solution n'est pas toujours dans la lutte, il faut savoir parfois lâcher prise.

Première leçon ! J'apprends à faire face. À relever le défi, à trouver des ressources en moi. Grâce à ce nouvel incident de parcours…

Et continuent d'occuper le terrain de mon enfance les allergies aux poissons, urticaires fréquents et œdème à chaque piqûre d'insecte – aoûtats, moustiques et puces particulièrement féroces – qui représentent pour moi les fléaux les plus courants. De plus, je ne peux supporter les baignades froides de l'Atlantique, dont mes frères sont friands. Je les regarde s'ébattre, se bousculer, s'envoyer des gerbes d'eau et rire à gorge déployée, pendant que, bleu de froid, je suis entouré d'une serviette de plage et n'ai qu'une hâte : rentrer à la maison que nous louons au bord de la mer, à Saint-Jean-de-Luz.

Ne vous l'avais-je pas dit ? Une vraie petite nature ! Et ça continue…

Au moment d'apprendre à lire, on me découvre dyslexique et gaucher. De surcroît, le peu que je réussis à écrire est formé de droite à gauche et se déchiffre en miroir – comme Léonard de Vinci, me disent ceux qui veulent me réconforter –, et même si l'on réussit à me « corriger » en me faisant utiliser la main droite pour tenir un crayon, on ne me met pas à l'école en raison de mes difficultés d'apprentissage.

23

Pas à l'école ? Eh non. Lors du divorce de mes parents – encore une différence, le divorce étant encore très mal considéré en 1938 –, mes frères partent en pension, et je reste dans les jupes de maman. Une fois de plus, je me sens exclu du clan fraternel. Heureusement, mon frère Francesco profite de ses vacances pour m'initier à la lecture grâce à des illustrés et... à sa grande patience. Mais je demeure indécrottable en calcul (j'écris les suites de chiffres à l'envers...).

De mes frères à la carrure et à la taille athlétique, je ne suis qu'une frêle copie ! Peu résistant, tout en nerfs. Bref, ma naissance et mes problèmes d'enfance ont contribué à m'exclure de ce qui aurait dû être *notre* trio et s'est transformé en *leur* duo. Cette étrange fatalité me poursuivra toute ma vie, d'un hasard à l'autre.

Cependant, grâce à cette différence, j'ai sans arrêt cherché des solutions qui n'appartenaient qu'à moi, me construisant un monde très personnel. Je dois à ces situations déplaisantes beaucoup de mes « talents », à commencer par un imaginaire foisonnant, bien utile pour écrire des chansons ou composer de la musique. Ce que j'en ai tiré de mieux, c'est une envie perpétuelle d'avancer, de progresser, de ne pas me laisser faire par la vie, bref, de combattre quand il le faut.

Les tracas de santé m'ont appris en outre une chose très précieuse : il ne faut pas se comparer aux autres, ni se tourner vers son passé, ni penser à l'injustice, sous peine d'aller un peu plus vers les ennuis.

Ce qu'il faut faire, et je crois que la plupart des gens qui ont eu à lutter contre des maladies graves vous le diront (encore une fois, ce n'était pas mon cas), c'est prendre la maladie comme un défi. « Quoi, tu viens m'embêter ? Tu vas voir de quel bois je me chauffe ! Je vais te prouver que je peux m'en sortir malgré toi ! » C'est comme ça qu'il faut lui parler, à la maladie…

Et ça marche !

Les personnes qui ont réussi à accepter leur différence admettent, plus souvent qu'on ne pourrait le croire, qu'elle leur a été bénéfique.

Un ami m'a rapporté l'histoire d'un grand homme d'affaires international. Un jour, on l'interrogeait sur sa réussite. Il expliqua qu'il la devait à un problème d'enfance. « Bègue depuis toujours, je me sentais très complexé. Mais j'avais décidé de réussir coûte que coûte dans la vie. Quand j'ai commencé à approcher le monde des affaires, j'ai compris que pour convaincre mes interlocuteurs, qui n'étaient pas des tendres, il fallait que je puisse m'exprimer sans faille. Mais comment faire ? Je me suis entraîné pendant des heures à résumer au maximum mes propositions afin d'avoir le minimum de mots à prononcer. Cela m'a donné une puissance de concentration extraordinaire, et aujourd'hui, même si je ne suis presque plus bègue, je me sers de cette faculté pour remporter des marchés. »

Bel exemple de « résilience », un concept qui désigne la capacité à surmonter les traumatismes et à « rebondir », popularisé par Boris Cyrulnik dans plusieurs de ses ouvrages…

La vie d'Alexandre Jollien, jeune philosophe actuel, est encore plus parlante. Cet homme, né en 1975, est aujourd'hui connu pour ses essais de philosophie, dont l'*Éloge de la faiblesse* [1]. Né handicapé moteur cérébral et

---

1. *Éloge de la faiblesse,* 1999, Éditions du Cerf.

placé en institution pendant dix-sept ans, il aurait dû, selon toute logique, passer sa vie à végéter. Mais il en a décidé autrement. Il s'est d'abord battu pendant des mois pour se tenir simplement debout. Puis, parce qu'il était empli de désir pour la vie, défi après défi, il est devenu philosophe et écrivain. Dans ses ouvrages, il nous exhorte à relever le gant, à donner un sens à notre existence en combattant, et il parle souvent de la joie qu'il éprouve. De tels hommes représentent une source d'inspiration sans égale pour affronter sereinement les aléas de l'existence. C'est le don qu'ils ont reçu de leur maladie… et il nous éclaire tous.

*
* *

À travers ces trois exemples très différents, j'espère vous avoir fait sentir à quel point il est important de s'accepter. Cela vaut du reste aussi pour le moral. Que notre différence soit physique ou psychologique, la première chose à faire est de regarder son mal en face, de le reconnaître et de le cerner. Se dire qu'il est là, point. Qu'il n'y a pas d'autre réalité possible.

Savoir aussi que le regard des autres n'est rien, mais que celui que nous portons sur nous-même est tout. C'est lui qui crée notre réalité. Si nous réussissons à nous diriger vers la confiance plutôt que vers le désespoir, si nous faisons de chaque instant une possibilité de victoire, nous avons déjà gagné. Alexandre Jollien en est convaincu : « Je crois qu'une des chances de ma vie, dit-il, c'est de m'être senti comme faible, et de cheminer vers plus de progrès. »

On peut alors mettre toute son énergie au service de son objectif. Pour certains, ce peut être tout simplement de vivre normalement. Pour d'autres, d'atteindre tel ou tel désir, besoin ou rêve. Mais tous, nous devrons nous dépasser pour y arriver. Aller au-delà de nos rancœurs et de nos griefs, vivre au lieu de regretter. Quel que soit le degré des épreuves que nous avons à affronter, puisque l'existence est ainsi faite. Qui ne se sent jamais exclu, ou injustement attaqué, ou écrasé sous le poids des difficultés, ou encore embourbé dans la confusion ?

Nous ne partons pas tous avec un handicap grave, mais nous avons tous nos faiblesses. Après, c'est à nous d'agir…

Quelques suggestions…

— Au cours de votre vie, quels sont les accidents de parcours dont vous avez profité ? Ceux dont vous auriez pu profiter ? Ceux dont vous pourriez profiter maintenant ?

— Faites la liste de toutes les situations qui vous posent problème. Si vous décidiez d'en faire des défis, quels seraient-ils ? Écrivez en face de chaque problème le défi qu'il représente et quels sont les moyens actuels ou futurs d'y faire face.

— Quelles forces pourriez-vous tirer de vos faiblesses ? Par exemple, en quoi vos blessures d'enfance vous aident-elles aujourd'hui ?

– II –

CAPITAL SANTÉ

Imaginez : une fée a placé une grosse somme d'argent dans votre berceau. Pendant vos jeunes années, vos parents se chargent de la faire fructifier. Ils essaient d'y faire bien attention et de vous préparer pour plus tard, quand vous pourrez en disposer. Malheureusement, ce sont de médiocres gestionnaires parce qu'ils ne sont pas bien renseignés. Et puis le domaine leur semble si compliqué, si changeant ! Tant d'informations contradictoires circulent...

Par la suite, quand vous accédez à votre fortune, vous ne vous apercevez pas que vous pourriez avoir plus sur votre compte en banque, parce que vous n'y prêtez pas trop d'attention. Après tout, cet argent, vous l'avez...

Jusqu'à ce que, tout à coup, vous receviez un coup de fil de la banque : vous venez de perdre une somme colossale. Panique ! Vous décidez enfin de prendre toutes sortes d'avis, de potasser des livres sur la question, de provoquer des rendez-vous avec des spécialistes... Bref, vous faites ce que vous auriez dû faire depuis longtemps. Heureusement, un financier de renom trouve la solution qui va vous

renflouer et vous permettre de faire fructifier vos deniers.
« À partir de maintenant, vous dites-vous, je serai d'une
très grande vigilance et je me tiendrai informé. »

À présent, remplacez le mot « argent » par « santé » et
celui de « financier » par « médecin ». Cette situation ne
vous évoque rien ?

Notre capital santé nous est donné dès la naissance. Il
est constitué de deux choses : notre hérédité et notre éducation. Que pouvons-nous à notre hérédité ? Rien dans
l'absolu – nos gènes nous constituent –, mais beaucoup
dans la pratique. Ainsi, il est important de connaître très
tôt les maladies qui ont affecté nos ancêtres. L'histoire des
maux de notre famille peut constituer une information
cruciale pour notre médecin traitant, afin d'orienter ses
diagnostics. Et pour nous, cela représente une sorte de
guide qui nous permet de lutter contre l'hérédité. Bien
évidemment, je ne parle pas des maladies génétiques
graves, mais simplement de tendances familiales.

Par exemple, un de mes amis a toujours eu des problèmes circulatoires. Son propre père en avait aussi, et sa
grand-mère est morte – à quatre-vingt-six ans il est vrai –
d'une thrombose. Cet ami, qui avait à cœur la santé de sa
fille, lui a posé un jour un certain nombre de questions
simples. Avait-elle des lourdeurs dans les jambes ?
Supportait-elle bien la chaleur ? Avait-elle parfois, le soir,
des impatiences dans les membres inférieurs ? Sa fille
répondit « oui » aux trois questions. Le père lui proposa
alors de regarder attentivement ses jambes : à dix-huit ans,
elle avait déjà de petites varicosités. Sachant qu'en plus, un
jour, sa fille porterait peut-être des enfants, il lui conseilla
un mélange de plantes veinotoniques.

La jeune femme ressentit tout de suite une amélioration de ses symptômes, et remercia son père. Mais il ne lui serait pas venu à l'idée, dans un premier temps, qu'elle était en danger et qu'elle pouvait se porter mieux. Quant à son père, s'il avait pu lui poser toutes ces questions et l'aider, c'est uniquement parce qu'il était au courant de ses propres faiblesses, et connaissait des remèdes, trop conscient de leur importance. Grâce à lui, la jeune fille évita bien des ennuis…

Ceci est valable aussi pour des familles dont les membres ont, par exemple, des articulations hyperlaxes (c'est-à-dire trop souples) : il faudra alors veiller à renforcer les muscles, et surveiller son alimentation pour ne pas donner prise, plus tard, aux rhumatismes. De même, quand il y a du diabète, ou des cancers dans la famille, l'attention se portera sur la prévention de ces maladies. Autre exemple : quand les ancêtres ont tendance à mourir jeunes, cela aura une influence sur la manière dont leurs descendants géreront leur vie, tout comme l'inverse est vrai. Une de mes amies me disait toujours qu'elle « avait le temps ». Comme je l'interrogeais sur cette expression, elle me répliqua que toutes les femmes de la famille mouraient aux alentours de quatre-vingt-dix ans, et qu'elle avait même connu la grand-mère de sa grand-mère, décédée à quatre-vingt-dix-neuf ans alors qu'elle-même en avait sept. Avec une telle hérédité, elle était persuadée d'être sur terre pour de nombreuses années… et faisait par conséquent très attention à sa santé, en « prenant son temps ».

Quant à certaines formes d'allergies, ainsi que les troubles psychiques d'origine génétique, ils sont pareillement tributaires de l'hérédité.

Enfin, je reste persuadé qu'à « capital santé » égal, un enfant issu d'une famille respectueuse de l'individu, à même de lui donner tout ce dont il a besoin pour grandir, aimer et se sentir bien dans la vie, aura beaucoup plus de chances d'avoir une santé florissante qu'un gamin maltraité, désorienté, triste ou stressé. Dans notre civilisation de plus en plus dure, il faut faire attention à ce que la santé des petits hommes de demain ne souffre pas trop des tensions dans lesquelles vivent leurs parents. Une hérédité convenable, de bonnes conditions matérielles, pas trop de solitude sociale (je pense aux familles monoparentales qui ont parfois tendance à s'isoler), un climat affectif engendrant la confiance et favorisant l'épanouissement, voilà réunies toutes les conditions pour une longue vie ! On le voit bien, le physique, en ce qui concerne la santé, n'est jamais seul en cause.

Ce capital santé, nous pouvons en faire ce que bon nous semble. C'est là que réside le danger, et aussi le libre choix de chacun. Si nous reprenons notre métaphore du début, pour ne pas dilapider notre capital il importe en premier lieu de bien comprendre ce qu'est le corps. Tout va dépendre de notre manière de le « penser »...

Le corps est une globalité

Si une partie de notre être souffre, c'est tout le corps qui a mal. Autrement dit, on ne peut pas dire que quelque chose est bon (ou mauvais) seulement pour la voix, ou pour le sommeil, ou pour les veines...

Par exemple, une découverte récente – américaine – a démontré que fumer rendait sourd. Ce qui peut sembler étrange si l'on pense le corps en termes de parties isolées : comment la cigarette affecterait-elle l'oreille ? Maintenant, si l'on utilise un schéma différent, celui où le corps est une globalité, on peut alors se dire que la cigarette agit sur un des grands systèmes du corps – nous verrons les détails dans un prochain chapitre – modifiant de nombreux organes, dont le tympan.

C'est juste un autre point de vue, qui nous permet d'entrevoir les infinités de réseaux qui nous composent. Nous comprenons alors que si nous avalons de la fumée, celle-ci provoque un certain nombre de réactions en chaîne et interagit avec tous les organes sans exception.

On peut d'ailleurs tout à fait étendre cette vision du corps à la nature. Qui n'a pas entendu parler de l'effet papillon ? Le fait qu'un battement d'ailes de papillon en Chine peut provoquer un ouragan aux États-Unis est une image, certes, mais elle est très parlante. Elle nous raconte à quel point rien n'est isolé, ni unique. Elle nous montre combien nous sommes dépendants de la nature, et vice versa. Elle met en lumière que tout est lié, dans une relation de cause à effet, entre ce que nous faisons à notre modeste échelle – trier des déchets domestiques par exemple – et ce qui en résulte pour la planète.

Elle nous parle aussi d'équilibre : ne prendre dans la nature que ce qui est nécessaire chez les animaux et les plantes, et laisser le reste pour lui permettre de se développer, gardant ainsi nos réserves intactes. Et garder ses réserves est le premier réflexe de survie d'une espèce... N'est-ce pas la même chose avec sa santé ? Ne consommer que ce qui est nécessaire à l'équilibre du corps, afin de rester sain et de vivre plus longtemps.

La nature, le corps : même globalité, et même incidence sur le mieux-être.

Et les médecins ?

Pour conserver notre capital santé, mieux vaut donc envisager le corps comme un tout, par souci de bon sens et d'efficacité. Mais comment soigner son corps « globalement » avec des spécialisations toujours plus pointues ?

On ne peut nier qu'il soit utile de voir un spécialiste, mais il faut reconnaître qu'il est forcément limité dans son approche. Le généraliste, quant à lui, n'est pas toujours bien équipé, car son savoir a du mal à s'actualiser. Il y a tant de nouvelles choses à apprendre tout le temps ! Il paraît que l'on a fait un nombre plus important de découvertes scientifiques entre 1950 et nos jours qu'entre l'époque préhistorique et 1950…

Je compare souvent la pose d'un diagnostic à une enquête policière. Si l'on ne connaît pas l'histoire des maladies d'un patient, si on ne l'interroge pas longuement sur ses habitudes, et si on ne cherche pas vraiment toutes les causes possibles dans toutes les directions, y compris celles de l'environnement, on a des chances de passer complètement à côté de quelque chose de grave, voire de tellement évident qu'on ne l'avait pas vu. Il faut aussi penser aux médicaments déjà pris par le patient, et à l'interaction secrète entre mille composantes au sein de notre corps. Qui a le temps aujourd'hui de mener des enquêtes aussi poussées ?

Pour illustrer ce propos, l'histoire de Carole, une amie de ma fille, est exemplaire.

Depuis quelque temps, le gros orteil droit de cette charmante jeune femme lui fait souffrir le martyre. Elle demande à un copain médecin s'il connaît un rhumatologue. Celui-ci vante alors un confrère, spécialiste du pied.

« C'est bien simple, il fait cela depuis vingt-cinq ans », ajoute l'ami. Carole est aux anges, contente d'avoir tout de suite trouvé le bon filon.

Elle se rend à la consultation. Son orteil est alors très enflé, et la douleur s'étend au deuxième doigt de pied. Le spécialiste l'examine et, ne décelant pas l'origine de la douleur, décide de faire pratiquer à sa patiente une série d'examens. Radios, scanners, IRM, analyses de sang, la panoplie complète revient à plus de mille euros. Certes Carole a une bonne mutuelle, mais elle souffre de plus en plus… La douleur s'est étendue à la cheville – elle aussi enflée – et à la hanche. La jeune femme est très inquiète. Elle doit prendre des calmants pour dormir. Elle en est maintenant à sa troisième visite chez le spécialiste, qui ne trouve toujours rien.

En désespoir de cause, et bien qu'elle ne croie pas à ce genre de choses, elle accepte le conseil de sa belle-mère et se rend chez une guérisseuse. Cette dernière lui fait des massages qui soulagent Carole sur le moment, à sa grande surprise. Mais le lendemain, la douleur, tenace, réapparaît.

Et puis un matin, tout s'éclaire pour la jeune femme : il y a deux mois, elle a acheté des sandalettes fines, ravissantes, dont la lanière, un peu lâche du côté droit, l'oblige à recroqueviller les doigts de pied pour que la chaussure tienne, créant – elle en prend enfin conscience – une tension très forte. De toute évidence, c'est cette tension qui congestionne le pouce et se répercute sur toute la jambe, provoquant cette douleur atroce. Or Carole porte ces sandalettes toute la journée au travail… Elle n'avait pas pensé à cela, car ses chaussures étaient malgré tout confortables. Mais maintenant, elle comprend. Elle cesse alors de porter les chaussures… et la douleur disparaît. Aussi simple que cela !

Quant au spécialiste, n'est-ce pas la première question qu'il aurait dû poser ? Une simple histoire de bon sens, certes ni coûteuse ni glorieuse, mais qui aurait évité au trou de la Sécu de se creuser un peu plus... et qui aurait immédiatement guéri sa patiente. Quoi qu'il en soit, se dit Carole effarée de ce genre d'état d'esprit, il aurait au moins pu lui proposer des massages qui l'auraient soulagée. Or il n'y a même pas pensé.

Des exemples comme celui-ci sont légion quand il est question de spécialistes et de bon sens. J'ai l'impression que plus le temps passe, plus l'arbre empêche de voir la forêt. L'hyperspécialisation a, malheureusement, encore de beaux jours devant elle. Est-ce une bonne chose ? Je me suis toujours demandé en quoi les forts en thème, les as des maths, étaient prédisposés à devenir de bons médecins. D'accord pour le *numerus clausus* (je comprends qu'il faille sélectionner), mais pourquoi par les mathématiques ? Cette science ne me semble pas particulièrement mener à une bonne observation de la nature humaine.

*
* *

Les médecins homéopathes semblent s'être penchés depuis longtemps sur ce problème et y avoir apporté quelques bonnes réponses. Mais, bien souvent, leurs remèdes sont tellement contraignants que peu de gens les suivent. D'autres se sont tournés vers les médecines dites parallèles où, là aussi, peuvent survenir beaucoup de mauvaises surprises, même si parfois...

Néanmoins, il me semble que si l'on revient aux recettes de bon sens, il y a moyen de s'en sortir. Dans un esprit de prévention et pas forcément de guérison, je le précise. Car si j'avais une maladie grave demain – Dieu m'en préserve –, je me ferais soigner sans nul doute à l'hôpital comme tout le monde. Cependant, je suis sûr que je passerais aussi beaucoup de temps à trouver d'autres pistes pour guérir.

Connaître notre terrain, notre hérédité et transmettre cette connaissance aux médecins et à nos enfants constituent les bases sur lesquelles nous construisons notre santé.

Préserver celle-ci en nous renseignant, en testant, en réfléchissant et en choisissant ce qui est mieux pour nous, telle est notre responsabilité. Il nous appartient, par exemple, lors des consultations où nous nous rendons, de bien faire la liste de tout ce qui pourrait intéresser le praticien. Cela veut dire qu'avant de le voir, nous aurons réfléchi et, parfois, écrit afin de ne rien oublier pendant la visite.

*
* *

Sommes-nous aussi nombreux à nous préoccuper de notre capital santé qu'à nous soucier de notre compte en banque ? J'en doute ! Combien de fois ai-je vu des personnes dont l'hérédité était excellente se détruire par toutes sortes de moyens : alcool, cigarette, drogues et autres conduites à risques ?

Je me suis souvent demandé pourquoi un tel acharnement, sans trouver de réponse. Je déplore, bien sûr, ces comportements. Certains me répliqueront que s'il fallait s'interdire tous les plaisirs de la vie, celle-ci ne vaudrait pas la peine d'être vécue. Je leur répondrai que je trouve mes plaisirs ailleurs.

Dans une nourriture saine, par exemple…

Quelques suggestions...

— Interrogez les membres de votre famille sur eux et sur leurs souvenirs de pathologies.

— Surveillez régulièrement votre santé. Tous les ans : généraliste, bilan sanguin, gynécologue pour les femmes. Tous les semestres : dentiste.

— Tenez-vous informé : lisez les pages santé des magazines, mais ne prenez pas tout au pied de la lettre. Si une information vous semble bizarre, interrogez votre médecin.

— Si vous êtes malade, avant d'aller chez le médecin, réfléchissez à ce que vous avez vécu récemment et repassez-vous le film de vos émotions, vos repas, vos déplacements, vos contacts avec les autres, un changement dans votre vie... Et suivez la piste qui vous paraît la plus plausible.

– III –

CONNAÎTRE SON CORPS ET SES CAPACITÉS

Dans les cabinets de rhumatologues et de traumatologues, le lundi est souvent un jour faste. Le téléphone chauffe toute la matinée.

– Allô, bonjour, est-ce que je peux parler au docteur X ?

– Il est en consultation, c'est à quel sujet ?

– Eh bien j'ai fait une partie de tennis (de golf, un jogging, de l'équitation) et… je me suis tordu le genou (l'épaule, la cheville, coincé le dos), je ne peux plus bouger, alors je voudrais savoir si le docteur fait des visites à domicile.

« C'est comme ça tous les lundis ! » me disait la femme d'un médecin. Et elle ajoutait : « De quoi vous dégoûter de faire du sport ! »

Connaître ses limites

Comment faire pour connaître ses limites ? Si l'on ne pratique un sport qu'occasionnellement, il est très difficile de le savoir, car on a envie de rentabiliser son temps. On cherche à repousser la grisaille de la semaine en s'aérant. Et souvent, on en fait trop. D'autant plus que, ne bougeant pas beaucoup, on n'est pas familiarisé avec son corps. En revanche, une pratique régulière assure une meilleure connaissance et permet de se tester. Sans toutefois se mettre à l'abri d'un accident.

Dans ce cas, la douleur a le mérite de nous indiquer clairement nos limites. Elle nous renseigne instantanément et nous oblige à stopper net toute activité mauvaise pour nous.

Certaines personnes ont un haut degré de tolérance : alcool, cigarette, sorties tardives, vie décousue ne leur posent pas de problème majeur. Mais outre que le temps les rattrapera un jour ou l'autre, ces individus ne sont pas très nombreux. Pour ma part, mon organisme ayant toujours été intolérant, je n'ai pas grand mérite à ne pas faire d'excès. Le moindre verre en trop, ou même une alimentation trop riche ou abondante, et il faut plusieurs jours pour que je m'en remette. C'est pourquoi, très tôt, j'ai été sobre. Je ne rechigne pas à boire un bon verre de vin, mais il sera toujours accompagné d'un repas !

Toujours est-il que le corps nous donne des signaux que nous ne pouvons ignorer. Ceux qui, comme moi, ne peuvent supporter les excès ont de la chance car les alarmes fonctionnent immédiatement. Pour d'autres, il est parfois trop tard quand ils s'aperçoivent du danger.

C'est que tout est affaire de sensations. Dans ce domaine, nous devrions être très prudents et toujours à l'écoute. Nous observer, en premier lieu. Selon nos faiblesses – notre hérédité, comme nous l'avons vu –, et bien sûr, selon nos réactions. Untel sera allergique à la poussière, ou aux acariens, ou au soleil, ou encore au lait : pour certaines allergies dont les déclencheurs sont cachés, il faudra faire toute une batterie de tests et d'expériences jusqu'à ce que le « fautif » soit trouvé. Un autre ne supportera pas de se coucher trop tard, ou de se lever trop tôt. Au fil de la vie, nous apprenons ce qui est bon pour nous et ce qui l'est moins, et il ne faut pas hésiter à expérimenter d'autres systèmes ou d'autres habitudes pour voir s'ils ne nous réussissent pas mieux.

J'ai entendu parler par un ami d'un couple qui, pendant des années, est allé à la mer en vacances. Ils ne juraient que par la grande bleue et les charmes de l'Atlantique. Or ils revenaient souvent malades, car tous deux avaient les bronches fragiles. Un jour, à la suite d'une location qui s'est annulée au dernier moment, ils ont décidé d'aller à la montagne, à Champex, un village suisse situé non loin de Verbier. Cet endroit magnifique, à plus de mille mètres d'altitude, était agrémenté d'un petit lac, ce qui leur donnait tout de même une vue sur l'eau... Ils sont revenus enchantés, et surtout en pleine forme. Depuis, ils y retournent tous les étés.

J'ai moi aussi vécu un changement de ce type : j'ai toujours détesté l'eau froide, notamment celle de l'océan. En plein été, à la fin de la journée, il se pouvait que j'aille quand même me baigner si la mer était particulièrement tiède. Mais si quelqu'un m'interrogeait sur mes goûts, je lui répondais que je n'aimais pas l'eau, sauf celle de mon bain. Un jour, j'ai découvert le thermalisme et mes sens ont tout de suite été à la fête : j'ai changé d'avis, et d'habitudes…

Éviter les excès

Une fois que nous avons découvert nos capacités et nos limites, il faut pouvoir les respecter et les faire respecter autour de nous. Ce n'est pas toujours facile.

J'ai compris assez tôt que je supportais mal l'alcool. Or, à l'époque où j'étais en pleine ascension, il était de bon ton de sortir beaucoup, de fumer et de boire. Celui qui ne se conformait pas à cette ambiance passait pour… enfin, n'était « pas un homme ».

Une fois, lors d'une soirée, j'avais osé dire : « Non merci, je ne bois pas. » On m'avait tout aussitôt rétorqué : « Qu'est-ce qu'il y a, tu es malade ? » Et chacun de me regarder avec suspicion… Résultat, pour ne pas être en butte aux préjugés, je me sentais obligé de jouer mon rôle, même si je me rendais de plus en plus compte que c'était au détriment de ma santé. Alors il me vint une idée : après tout, je ne devais pas être le seul à ne pas supporter l'alcool !

Je me mis à observer mon monde.

Je décidai donc de concentrer mon attention sur Eddie Barclay qui, comme on le sait, aimait recevoir. On disait de lui qu'il était un bon vivant. Un soir, je résolus de ne pas lâcher son verre des yeux. Voici ce que je vis et ce dont je me souviens.

Nous sommes dans la maison d'Eddie et les plus belles femmes côtoient des hommes en vue. L'atmosphère est à la fête, et les pièces se succèdent dans des tonalités crème ou blanches. Le brouhaha des voix étouffe la musique.

La coupe de mon hôte se remplit de champagne. Eddie la porte alors à ses lèvres. À peine une gorgée. Quelques minutes plus tard, le verre à la main, il est en grande conversation avec Johnny. Le verre plein est toujours dans la main de son propriétaire, mais ce dernier n'y touche pas. Et, de confidences en confidences, d'invité en invité, je le vois vider son verre au bout de... deux heures ! Plus tard, j'ai calculé qu'il avait en tout et pour tout bu trois verres de champagne en six heures, le temps de nos agapes. Pas de quoi devenir alcoolique, avec, en plus, des petits-fours copieusement servis.

Ce jour-là, j'ai compris la ruse. Dès lors, j'ai pris Eddie pour modèle, à cette différence près que mon verre était rempli en tout et pour tout une fois, que j'en buvais juste quelques gouttes et que personne, me voyant une coupe à la main, ne se posait de question... Moi qui ai été élevé dans le culte de la vérité, je me suis aperçu à cette occasion que les pieux mensonges sont bien utiles !

Nos obligations sociales sont parfois en opposition avec ce qui nous fait du bien. Cette histoire en est l'illustration parfaite. L'une des solutions à ce dilemme peut être, pourquoi pas, de « tricher » comme Eddie et moi l'avons fait.

Je pense particulièrement, en écrivant ces lignes, aux jeunes qui se croient obligés, parce que les copains le font, de boire et de fumer, voire de consommer des substances illicites. À l'adolescence, on est particulièrement vulnérable, surtout si l'on se croit fort et « grand ». Or il ne faut pas perdre de vue ceci : le corps n'a pas fini de se développer, et ce qui est ingurgité à ces âges est d'autant plus dangereux. En tout cas, cela risque de coûter très cher par la suite, à une époque où l'on ne se moque plus du tout de sa santé, et où, parce qu'on a des enfants par exemple, on tient très fort à la vie...

J'ai l'air d'insister sur ce sujet, mais je le fais à dessein. En effet, certes j'ai fumé, mais je n'ai pas bu, je n'ai pas fréquenté les boîtes de nuit, je n'ai donc pas fait partie du Tout-Paris « branché ». Cela a-t-il nui à ma carrière ? Je ne le pense vraiment pas. Car mon public ne se sent pas proche de ce style de vie. Ce qui lui importe, c'est l'émotion que je peux lui apporter avec mes chansons. Je n'étais – et ne suis – pas dans ce registre-là, tout simplement. En étant fidèle à moi-même, j'ai permis à mon public de me rester fidèle, et il l'est toujours...

C'est ce message que j'aimerais faire passer à ceux qui croient qu'il faut se comporter comme les autres à tout prix. Il faut faire l'inverse, au contraire. Osez être vous-même. Faites confiance à votre corps qui, en vous montrant ses limites, vous protège. Vous ne ruinerez pas votre santé et en tirerez un vrai bénéfice en termes de qualité de vie et de longévité.

Pendant longtemps, il était monnaie courante de boire et de fumer lors des repas d'affaires. Si vous y dérogiez, vous passiez pour un rabat-joie, voire un mauvais business-man. Aujourd'hui, la société est devenue plus consciente des dangers liés à la santé – fumer est maintenant interdit dans les lieux publics –, et il est bien plus facile de faire respecter son choix de santé. Les attitudes ont évolué...

Travailler, mais pas trop !

Connaître les limites de son corps s'applique aussi, depuis les deux dernières décennies, au travail. On a inventé le mot « *workaholism* », contraction de « travail » et « alcoolisme » en anglais. Aux États-Unis, on a répertorié l'addiction au travail comme une pathologie, et un test a été mis au point pour l'évaluer (*The Work Addiction Risk Test*, de Robinson).

Pour certaines personnes correspondant à un profil particulier, le travail agit comme une drogue. Mais comme la majorité des gens vivent dans des environnements professionnels de plus en plus durs, ce qui était au départ une maladie spécifique devient un vrai problème de société...

Au début, on se sent très performant, on pense qu'on va y arriver quels que soient les obstacles, et on a tendance à en faire toujours plus. Les horaires s'allongent et le temps de récupération diminue. Cela fonctionne pendant quelques mois, puis, si l'on ne décroche pas, si l'on ne prend pas un minimum de vacances, les performances baissent. On pense de moins en moins clairement. Parmi les symptômes, on trouve les maux de tête, la dépression, les troubles du sommeil, les lombalgies, les ulcères de l'estomac et de l'intestin, le « *burn out* » (épuisement physique et émotionnel) et même de l'hypertension artérielle... un tableau très réjouissant !

On peut se poser une question de bon sens : comment en arrive-t-on là ? Je dirais : en ne s'écoutant pas. En effet, les gens que l'on interroge sur ces comportements nient toujours. Ils prétendent avoir de bonnes raisons de travailler comme il le font, et ne voient en général pas la souffrance de leur corps, ni celle de leurs proches. Ils ont oublié qui ils étaient, pour ne plus tenir compte que de ce qu'ils rêvent d'être, ou de ce que leurs conditions de travail les obligent à être.

La force de l'instinct

Tout cela pour revenir sur cette notion fondamentale : il faut laisser parler son instinct, car c'est lui qui a raison. Il faut apprendre à sentir ses limites, par des signes non seulement extérieurs (les autres), mais aussi intérieurs (ses sensations). À vrai dire, l'instinct a été pendant des centaines d'années refoulé. On disait qu'il était primitif, donc éloigné de ce qui était noble et « humain ». Provenant du tréfonds de l'individu, il s'opposait de facto à la société. Et celle-ci, jusqu'à une époque récente, ne pouvait tolérer qu'on dévie de l'axe défini par son idéal.

On prétendait notamment que tout ce qui nous reliait à l'animal était mauvais, puisque ce dernier était inférieur à l'homme. Ce n'est qu'au XXᵉ siècle qu'est née une science dont je reparlerai, l'éthologie, qui se propose d'observer les animaux dans leur milieu naturel afin, entre autres, de mieux connaître l'homme. Et en effet, cette science a permis beaucoup de progrès dans la compréhension de ce qui fait notre spécificité. Par exemple, on s'est mis à cerner ce qui nous unissait à nos cousins les singes.

Toujours est-il qu'à une certaine époque, on trouvait toutes sortes d'aberrations : les femmes portaient des corsets qui les étouffaient et provoquaient des problèmes de circulation ; l'art de la table imposait des repas de plusieurs heures avec quantité de plats, l'abondance de viandes et de gibiers provoquant, parmi d'autres maux, la fameuse goutte et son cortège de souffrances… Et ce ne sont que quelques exemples pris au hasard.

Depuis quelques dizaines d'années, l'instinct a été réhabilité, et c'est tant mieux. Cette tendance s'est accompagnée d'une prise de conscience autour de la diététique, du sport, et de la découverte des bienfaits de la nature. On a troqué le costume contre le jogging, et la cravate est de moins en moins de mise. Chacun tente de se positionner dans la société par rapport à ses besoins, et non plus par rapport à ce qui est dicté.

Même si, parfois, nous assistons à des excès en sens inverse, lorsque des gens croient exprimer leur instinct et ne font que manquer de respect aux autres. Effet de balancier, sans doute. Car il ne faut pas confondre bien se connaître en utilisant l'instinct comme un guide et laisser librement parler ses instincts – ses émotions – en les imposant à tout bout de champ à ses proches, à ses voisins et à la société, par un individualisme forcené.

Quelques suggestions

Faites une liste de toutes les maladies dont vous pouvez vous souvenir. En face de chaque maladie, essayez de déterminer ce qui l'a causée, et écrivez-le. En face de chaque cause, notez la leçon que vous pouvez en tirer. Par exemple, si vous voyez que vous avez souvent des rhumes en été, posez-vous la question de l'air conditionné. Si vous tombez régulièrement malade dans les premiers jours de vos vacances, ou que vous êtes abonné aux accidents, posez-vous des questions sur votre surmenage, sur vos limites dans le travail et sur l'aberration qui consiste à s'envoler sur les pistes de ski, sans préparation, alors que vous n'avez même pas fait dix minutes de marche quotidienne depuis l'été.

– IV –

S'ALIMENTER : SI DIFFICILE QUE ÇA ?

« Finis ton assiette ! »

« Tant que tu n'as pas mangé tes légumes, tu ne quittes pas la table… »

« Il faut former ton goût, mange ces épinards ! »

Combien de mères sont inquiètes pour leur petit – quelquefois comme s'il y allait de leur propre vie ! – dès qu'il passe à table. Je ne condamne pas en bloc cette attitude, mais il faut bien reconnaître que sous nos latitudes, où la nourriture abonde, un enfant ne se laisse jamais mourir de faim…

Et puis, qu'est-ce qu'un repas sans plaisir ?

Je me souviens de ma bonne grand-mère paternelle présidant notre impressionnante tablée de vingt-cinq petits-enfants. C'était avant la Seconde Guerre mondiale, et la scène, souvent répétée, est restée pour moi synonyme de joie enfantine. À cette époque et dans ces familles-là, on ne gâchait jamais la nourriture. Aussi avions-nous pour le petit déjeuner un bol de lait malté et des tartines de pain, dont il était convenu que seule la dernière serait beurrée.

Nous apprenions ainsi à sentir la place qu'il restait dans notre estomac pour cette délicieuse dernière tartine…

Nous devions alors la demander à grand-mère, et c'était pour nous l'occasion de nous amuser en faisant preuve de créativité. La phrase consacrée était : « S'il vous plaît, dernière tartine beurrée, grand-mère ! » et le jeu consistait à chanter la phrase et à la mettre dans n'importe quel sens : de « Grand-mère tartine s'il vous plaît beurrée dernière » à « Beurrée tartine dernière s'il vous plaît grand-mère », quelle rigolade !

Ainsi finissions-nous notre déjeuner dans le plaisir, ce qui représente très certainement ce qu'on a trouvé de mieux pour bien digérer… et la première condition, à mon avis, pour s'alimenter correctement.

La deuxième condition est de faire attention à ce qu'on mange, c'est-à-dire à ne pas ingurgiter des aliments nocifs pour soi.

En particulier un certain breuvage qui n'est pas de mes amis…

Le lait de vache est-il bon pour l'homme ?

On a vu précédemment à quel point, nourrisson, je n'ai pas supporté le lait de vache. Mais un autre événement est venu me mettre la puce à l'oreille au sujet de cet aliment : en 1985, je suis allé en Éthiopie afin de participer à un concert pour l'aide humanitaire. Je me souviens encore de centaines d'enfants qui, ayant bu du lait en poudre distribué par des ONG, décédaient en un temps record, à cause de l'eau insalubre qu'il fallait mélanger avec le lait, d'une part, et de la difficulté à digérer d'autre part. J'en avais le cœur brisé.

Par la suite, je me suis renseigné et j'ai appris, entre autres, que les Africains des zones subtropicales supportent encore moins bien le lait de vache que nous, parce qu'ils possèdent très peu d'un enzyme – le lactase – pour le digérer.

De concert avec la polémique actuelle, je me suis demandé si les bienfaits de cet aliment, tant vanté depuis plus de soixante-dix ans, étaient aussi réels qu'on a voulu nous le faire croire...

Tout d'abord, pour des raisons évidentes, je recommande avec force l'allaitement maternel. Il n'y a rien de mieux pour le petit humain. Le corps médical abonde en ce sens, mettant l'accent en particulier sur les anticorps produits par la mère et transmis à l'enfant de cette manière. Mais souvent, on omet de dire qu'il faudrait allaiter l'enfant le plus longtemps possible, et que l'idéal serait jusqu'à trois ans.

De nombreux spécialistes disent que les anticorps transmis ne constituent qu'un des avantages, parmi lesquels les informations génétiques et les vitamines jouent un rôle de premier plan. C'est en effet grâce aux informations contenues dans le lait maternel que la croissance va se poursuivre harmonieusement et en profondeur, et c'est grâce à la juste dose en vitamine D (le lait de vache en contient bien moins) que l'osséine va consolider les os et éviter, plus tard, les décalcifications et autres ostéoporoses. Par ailleurs, les enzymes de digestion du bébé sont adaptés au lait maternel, et pas au lait de vache dont les molécules sont bien plus grosses et nécessitent un effort important, notamment de la part du foie, pour être « dégradées », c'est-à-dire assimilées.

51

Je ne parle même pas du contact entre l'enfant et la mère à l'occasion de l'allaitement, tellement il est important… Et je regrette que notre haut degré de civilisation nous amène à négliger ce corps à corps. Les jeunes femmes doivent souvent reprendre le travail, le budget familial a besoin de leur contribution financière, autant de raisons respectables. Il n'empêche que l'allaitement maternel reste le capital de toute une vie…

En tout cas, après le sevrage, vient naturellement le lait de vache. Il est utile de rappeler ici que nous sommes les seuls animaux à nous nourrir d'un lait qui n'est pas le nôtre puisqu'il appartient à une autre espèce. Un petit veau étant programmé pour peser cinq cents kilos à l'âge de six mois, cela me laisse rêveur sur les effets du lait de vache sur le petit humain…

Nous sommes également les seuls à continuer à en boire à l'âge adulte. Est-ce souhaitable ? Je me souviens d'avoir observé, enfant, une chèvre qui avait mis bas une portée de chevreaux. J'adorais les voir se gaver goulûment aux pis de leur mère. Un jour, quelle ne fut pas ma surprise quand la chèvre envoya des petits coups de sabot à l'un des petits qui venait, à son habitude, se nourrir. Celui-ci, au début, tenta par tous les moyens de retourner vers sa mère, mais après s'être fait bousculer plusieurs fois il fit comme tous ses pareils : il commença à brouter l'herbe. La chèvre venait simplement de sevrer son petit…

Cet acte définitif, sans ménagement certes, avait fait grandir le chevreau d'un seul coup. Il était passé au stade supérieur, et nul retour n'était possible.

Plus tard, je me suis interrogé : comment se fait-il que les petits Occidentaux – puisqu'ils sont les plus concernés – continuent de boire du lait tard dans leur vie ?

Plusieurs réponses possibles : les effets de la publicité, cachée ou non ; le « sevrage » très rapide des nourrissons, voire le manque d'allaitement maternel, dont les effets sont autant physiques que psychologiques ; une envie de douceur et de fluidité dans notre civilisation de plus en plus contraignante...

On m'a donné quelques informations qui tendent à démontrer la nocivité du lait de vache. Il paraît en effet qu'à partir de l'âge de trois ans nous produisons de moins en moins de lactase, l'enzyme qui nous permet de digérer le lait. Conséquence : notre organisme est mis à rude épreuve. Il peut s'encrasser, il peut devenir allergique – une allergie sur quatre est due au lait – et il peut sécréter des maladies. Beaucoup de mes amis supportent de moins en moins cet aliment au fur et à mesure de leur avancée en âge.

Je me méfie aussi des hormones dont on gave les vaches pour qu'elles produisent plus et mieux. Sans parler des pesticides et autres substances contenues dans l'herbe et la paille. Tout cela passe dans le lait et échoue ensuite directement dans notre organisme pour y rester stocké un certain temps, puisqu'il est difficile, m'a-t-on appris, d'éliminer ce genre de substance.

Personnellement, je suis passé par plusieurs phases : allergique au lait de vache quand j'étais nourrisson, j'ai fini par en boire comme tout le monde, jusqu'à l'âge de quarante ans. Aujourd'hui, je consomme du lait de soja le matin et m'en porte très bien. Mais je ne boude pas un yaourt, rarement il est vrai, ni le fromage de chèvre. Bien sûr, je les préfère quand ils viennent de chez un petit producteur... À vrai dire, et comme toujours, je ne me sens pas ayatollesque en la matière. Je me fie simplement à ce que je constate chez moi et autour de moi.

En réalité, si l'on prend un peu de recul, on s'aperçoit que cet engouement pour le lait de vache est très récent dans notre histoire et correspond à une période d'élevage intensif. On a donc intérêt à nous faire écouler les stocks. Qui ne se rappelle James Dean revenant d'une virée nocturne, ouvrant son réfrigérateur, prenant une bouteille de lait et en avalant nonchalamment le contenu ? Symbole de toute une génération, plus tard résumée par le slogan « *Milk drinkers are better lovers !* » Nous serions donc les otages de quelques lobbies bien placés…

Rappelons-nous aussi les distributions de lait dans les écoles, au lendemain de la Seconde Guerre mondiale, organisées par Pierre Mendès France. Elles constituaient un apport certain pour des enfants en état de carence, mais elles ont aussi définitivement popularisé un aliment qui, jusque-là, n'était pas si universel.

Ce qui nous a rendu « accros » au lait, j'en suis persuadé, est un mélange d'images et d'affects de tout style, suivant les époques (en ce moment, c'est la pureté qui prévaut), et d'une sorte de chantage au calcium (hors le lait de vache, point de salut pour nos os). Toutefois on peut constater qu'au Japon – pays où l'on ne consomme quasiment pas de laitages –, la population souffre moins d'ostéoporose et de fractures du fémur qu'en Occident.

Là aussi, qu'en est-il ?

Se préoccuper du calcium est justifié car bien sûr il est nécessaire à la croissance de l'enfant et au maintien, plus tard, de notre capital osseux… mais n'est-il pas tout simplement possible d'en trouver ailleurs ? Et ne serait-ce pas meilleur pour notre santé ? Je sais, par exemple, que les amandes en contiennent beaucoup, ainsi que les épinards, les olives, ou les brocolis. Et, bien sûr, certaines eaux minérales.

À vrai dire, le plus dur, pour les habitués, serait de se passer de cette boisson au petit déjeuner. Je leur suggère alors le lait de soja, ou celui d'amande, voire d'orge ou de riz (on le trouve en supermarché pour le soja, et en boutique diététique pour le reste).

En résumé, si j'ai un avis à donner sur le lait de vache, c'est qu'il est bon… pour les veaux !

Les vertus du lait d'ânesse

On ne peut pas en dire autant du lait d'ânesse, malgré son coût prohibitif (de vingt à trente euros le litre). C'est celui que l'on aurait dû me donner si la mode n'en était pas passée quand je suis né (il était en vogue dans les années 1880)…

Le lait d'ânesse est actuellement utilisé en Amérique du Sud et en Inde auprès de milliers d'enfants, avec succès. Et ce malgré une réelle difficulté d'élevage. À titre de comparaison, sachez qu'une vache donne environ soixante-dix litres de lait par jour, alors que l'ânesse en produit un litre et demi à deux litres, si on la trait… toutes les deux heures ! De plus, on ne peut élever cet équidé que dans la nature, sans utilisation d'hormones. Bref, vous aurez compris que la qualité prime.

Quand on vous parle de lait d'ânesse, je suis sûr que vous avez en tête le bain dans lequel se prélassait Cléopâtre il y a un peu plus de deux mille ans. Symbole de luxe et de volupté, il reste toujours haut de gamme et connaît un boom considérable depuis un an. Il faut dire qu'il est délicieux à boire, avec son léger goût de noix de coco, très doux et agréable. Charlotte et Olivier Campardou, les amis éleveurs qui m'ont donné tous ces renseignements, en produisent depuis une dizaine d'années, en pleine Ariège.

Cependant, il n'a pas encore fait l'objet d'études sérieuses en France, bien que quelques universités commencent à se pencher sur ses bienfaits. C'est en Italie que l'on a réuni les données scientifiques sur le lait d'ânesse ; le professeur Elisabetta Salimei a ainsi effectué, en 2000, des analyses qui prouvent à quel point le lait d'ânesse est proche, dans sa composition, du lait de femme. Et même si on lui prête parfois des propriétés exagérées, puisqu'il n'est prouvé nulle part qu'il ait des vertus thérapeutiques quelconques, je soutiens que nous aurions tout à fait intérêt, dans notre pays, à lui faire plus de place. En tout cas auprès des nourrissons. Mais pour cela, me dit mon ami Olivier, il faudrait favoriser l'élevage des ânes. Ces derniers, utilisés autrefois pour porter des fardeaux ou faire du saucisson, sont devenus aujourd'hui des animaux de compagnie... ce qui ne constitue pas vraiment une industrie possible.

En résumé, le lait d'ânesse est simplement d'une excellente qualité, compatible avec nos estomacs !

Tout le contraire de l'alimentation actuelle...

Faut-il avoir peur de ce qu'il y a dans nos assiettes ?

Un jour, alors que j'effectuais des recherches pour ce livre, je suis tombé sur un article qui déclarait : « Varier ses toxiques en consommant une grande variété d'aliments, augmenter la consommation de fruits et légumes variés dont l'effet protecteur est démontré, restent des conseils pertinents et de bon sens pour réduire les risques de cancer liés à l'alimentation. Il est donc bien difficile de prédire comment la nature d'un repas peut influencer le développement d'un cancer, en raison de sa composition extrêmement complexe [1]. »

J'avoue que cet article m'a fait froid dans le dos ! Nous en étions donc là ? À devoir varier notre alimentation à l'aveuglette, en espérant échapper aux multiples cancers qui nous guetteraient ?

Et pourtant, il est vrai que nous absorbons de plus en plus de substances nocives. Pas seulement par l'intermédiaire de la nourriture, mais aussi par celui de l'environnement, et même à travers les cosmétiques... Il devient donc urgent de réagir, à moins que, comme je l'imagine parfois, nous ne soyons destinés à évoluer biologiquement, afin de pouvoir, dans quelques centaines d'années, faire face à des climats de plus en plus modifiés, voire aller vivre sur d'autres planètes. Peut-être sommes-nous témoins du début d'une nouvelle évolution tout aussi importante que la fin de la cueillette et le début de la sédentarisation de l'homme...

Mais trêve de science-fiction !

Essayons plutôt de réagir avec bon sens. Concrètement, que pouvons-nous faire pour nous protéger ? Je crois que, déjà, il serait bon d'apprendre à lire les étiquettes, de plus en plus nombreuses, qui figurent sur les emballages. Je conseille d'ailleurs aux fabricants de

---

1. Maurice Rabache (responsable du Projet toxicologie pour l'environnement, Laboratoire de biologie, Cnam), *Équation-Nutrition* n° 9 (Aprifel), octobre 2000.

tous bords de vendre avec leurs produits des loupes spéciales, cela faciliterait le déchiffrage ardu de leurs explications minuscules et, parfois, à la limite de l'ésotérisme.

Disons que cette lecture nous permet d'effectuer un premier tri. Car si l'on pouvait dire autrefois qu'il était bon pour un enfant de se « vacciner » en avalant un peu de poussière ou des choses pas tout à fait recommandées pour la santé, il n'en est pas de même en ce qui concerne l'alimentation d'aujourd'hui. Certains produits utilisés peuvent être toxiques s'ils sont consommés trop souvent : les conservateurs, par exemple, ou certains colorants, dont quelques-uns ont été retirés du marché au fur et à mesure des tollés. Et nous savons aujourd'hui que le corps a vraiment du mal à s'accommoder de ces substances, qui ne s'éliminent que difficilement et ont tendance à engorger notre organisme.

D'où l'avertissement de ce scientifique, d'où, également, la nécessité de varier le plus possible notre alimentation, ce qui, personnellement, me convient assez bien : j'aime découvrir de nouvelles nourritures, et je m'adapte à tout. J'espère qu'il en est de même pour vous !

Enfin, je ne pense pas que ce soit la peine de céder à la panique, ou de se restreindre de façon obsessionnelle. De toute façon, nous ne pouvons pas lutter contre notre environnement, à moins d'habiter dans un endroit désertique. Et encore. La seule solution, une fois de plus, c'est de faire preuve de bon sens, de discernement et d'apprendre à sentir quand quelque chose n'est pas bon pour nous. Rassurez-vous, cela vient en son temps. Considérez, par exemple, à quel point les enfants aiment le sucre, et les adultes de moins en moins...

Un bémol toutefois : en lisant un article récent paru dans *Capital*, j'ai réalisé à quel point bien manger revenait de plus en plus cher. En particulier en ce qui concerne les poissons, dont l'épuisement des réserves fait flamber les cours. Le cabillaud, par exemple, a vu ses prix augmenter de 87 % entre 1996 et 2005. Il paraît qu'un quart des stocks mondiaux sont épuisés ou surexploités... De même, si l'on veut une bonne viande, les prix des bouchers explosent. Idem si l'on veut un bon fruit : il aura forcément subi des soins maniaques pour rejoindre nos assiettes. Quant aux produits « emballés », le contenant vaut parfois plus que le contenu, les innovations permettant de gonfler les prix de vente de manière abusive.

Mais ce n'est pas une raison pour se laisser avoir, et j'oppose à cette triste évidence une règle positive : essayez de manger sain, c'est-à-dire simple. Pour moi, cela veut dire avant tout consommer le moins possible de plats cuisinés, souvent farcis de colorants et de conservateurs, et se délecter de quelques produits naturels.

En dernier lieu, il importe de respecter quelques principes bien connus, que je vais rappeler ici car nous ne serons jamais trop nombreux à en parler : beaucoup plus de légumes et de fruits que ce que nous avons l'habitude de manger, au moins deux litres d'eau par jour, peu d'excitants tels que café et thé, peu d'alcool (mais tout de même un peu pendant les repas).

Et du plaisir !

Le tout dans un environnement qui facilite l'assimilation des aliments. Un environnement ami.

Enfin, il faut que je vous dise : je fais partie de ces personnes qui boivent peu parce qu'elles n'ont que rarement soif. En cela – et pas seulement en cela puisque nous avons la même « coiffure » selon mes proches –, je ressemble à mon berger des Pyrénées qui peut tenir des heures sans boire. Eh bien, j'ai rusé ! Pour avaler ma ration quotidienne d'eau, j'utilise un produit drainant que je rajoute à ma bouteille d'eau. Cela lui donne bon goût, c'est excellent pour ma santé, et je ne rechigne plus !

Quelques suggestions

– Essayez de vous passer de lait et de laitages pendant deux mois, juste pour voir si, par hasard, certains de vos problèmes de santé ne disparaissent pas… Je sais que quelques-uns de mes amis ayant de l'eczéma ont vu leur état s'améliorer ainsi. En ce qui me concerne, j'avais de l'asthme et n'en ai plus depuis que j'ai arrêté de boire du lait…

– Doublez vos rations de légumes pendant deux mois aussi, et voyez les résultats ! N'oubliez pas que vous pouvez parfaitement utiliser des légumes surgelés, qui conservent très bien leurs vitamines.

– Une petite recette simple et matinale pour éliminer les toxines et faire sourire notre foie : un jus de citron dans un grand verre d'eau à température ambiante, avalé avant le petit déjeuner. En plus, la vitamine C contenue dans ce fruit est un puissant antioxydant – il aide à lutter contre les maladies et le vieillissement –, que l'on peut consommer sans modération, puisqu'il s'élimine de notre organisme par les urines, en cas de surplus.

– V –

SOIGNER SON ENVIRONNEMENT

On raconte que dans l'Antiquité, les Romains faisaient paître des troupeaux de moutons pendant un an sur les terres où ils voulaient construire. Si, au terme de l'année, les animaux étaient en bonne santé, on y bâtissait. Dans le cas contraire, on cherchait un autre lieu.

Cette histoire, dont l'origine s'est perdue, montre combien les anciens étaient conscients que notre lieu d'habitation peut influencer de manière importante notre santé.

L'habitat

Suivant l'endroit où nous vivons, nous nous trouvons sur des zones telluriques bonnes ou mauvaises pour nous, ayant des répercussions sur notre humeur, et pouvant aller jusqu'à occasionner des troubles de la santé. Ces zones sont en général situées aux confluents de plusieurs cours d'eau souterrains, ou sur des failles, ou encore au-dessus d'anciennes carrières dont nous ressentons les ondes. Selon l'art ancien des sourciers, un arbre qui pousse sur une mauvaise zone est tordu et plus petit que ceux de la même espèce poussant sur une bonne zone. Il est souvent entouré de ronces et d'orties. Dans nos immeubles de verre et de béton, nous ne sommes pas protégés de ces perturbations, et il faut pouvoir les détecter avant qu'elles n'influent sur notre santé.

D'autre part, qui n'a ressenti des moments de paix et de bien-être en séjournant dans une maison, ou en entrant dans une église ? Rappelons que les Celtes étaient réputés pour construire leurs lieux de culte sur des failles terrestres porteuses d'énergie positive, et que de nombreuses églises ont été érigées sur ces anciennes prémices. Je sais bien qu'aucune voix scientifique ne s'est élevée dans ce sens, même si la plupart des gens réagissent fortement aux « ondes » des lieux. Mais je ne peux m'empêcher d'y croire.

Faire appel à un sourcier pour déterminer les endroits à éviter peut être une bonne idée. Mais encore une fois, faire confiance à ses propres sensations – de fatigue chronique, de difficultés à dormir, ou de qualité du sommeil – peut se révéler aussi une excellente solution. À cet égard, il ne faut pas hésiter à bouger les meubles, en particulier le lit, pour comparer et déterminer où l'on se sent le mieux. Certaines personnes disent qu'il vaut mieux avoir un lit sans ressorts, afin de ne pas donner prise à des activités électromagnétiques.

Il existe aussi d'autres causes de maladie liées à l'habitat : le plomb, qui provoque le saturnisme, et qui était autrefois contenu dans la peinture et dans certains tuyaux que les copropriétés se voient aujourd'hui mises en demeure de remplacer ; l'amiante, dont on a entrepris de se débarrasser dans les immeubles après des années de combat pour prouver son danger ; les lignes à haute tension, qui perturbent l'organisme en le soumettant à des vibrations importantes ; la télévision, l'ordinateur ou trop d'appareils électriques dans la chambre, pour les mêmes raisons.

Ce qui me semble accessible à tous également, ce sont les questions d'éclairage et d'espace – on se sent tout de même mieux dans une grande pièce lumineuse et aérée que dans un cagibi sans fenêtre ! –, et l'influence des couleurs. Les vertus du jaune, dans un pays où il pleut souvent, ne sont plus à démontrer : la bonne humeur induite par la sensation de soleil que procure cette couleur sur les murs ou sur des rideaux est peut-être trompeuse, mais elle est efficace ! Combien de personnes dépressives récupèrent leur bonne humeur dans ce type d'environnement... De même, il est bien connu que le rouge énerve et que les couleurs pastel, ou le bleu indigo, calment.

Les matériaux aussi ont leur importance. Le bois apporte du bien-être et une impression de chaleur. La pierre, de la solidité et un sentiment de sécurité. Le verre, de la transparence et de la légèreté. À chacun sa matière préférée, mais chaque touche nouvelle a son importance dans un intérieur, avec une influence souvent directe sur notre forme.

Par ailleurs, je pense que fumer chez soi – ou permettre à quelqu'un de fumer –, outre l'attaque directe sur la santé que cela représente, imprègne les tissus et les murs et contribue à la mauvaise qualité de la vie. D'une manière générale, il vaut mieux aérer au maximum les pièces, comme le disaient déjà les Indiens émérillons du Brésil, en 1578, par la bouche d'un certain Jean de Léry : « Si vous leur demandez pourquoi ils remuent si souvent leur ménage, ils n'ont d'autre réponse, sinon de dire qu'en changeant d'air, ils s'en portent mieux, et que s'ils faisaient autrement que leurs grands-pères l'ont fait, ils mourraient subitement. » Voilà qui relie salubrité, habitat et tradition !

Une chose est sûre : notre environnement immédiat conditionne notre vie. Il constitue notre protection, notre rempart face au monde et à ses intrusions. Il vaut donc la peine de s'y pencher, et d'en faire une ressource supplémentaire dans l'existence, pour favoriser notre bien-être.

Du reste, depuis une quinzaine d'années, on a vu apparaître des comportements de « cocooning » qui traduisent bien ce besoin de se protéger des vicissitudes du monde extérieur.

Mais au-delà de ces intérieurs de plus en plus douillets que nous pouvons relativement contrôler, il y a tout ce qui dépend du collectif et sur lequel nous n'avons aucun pouvoir. Comme la pollution...

Les pollutions

La première est sonore. C'est celle des voisins, bien sûr, mais aussi du pot d'échappement de la moto qui pétarade à 5 heures du matin devant chez vous (moto « trafiquée » par son propriétaire pour se donner plus d'importance...), des trains qui passent ou des voitures qui vrombissent... Le son est une onde dont les vibrations nous traversent et une source de stress. Il faut s'en protéger au maximum, mais ce n'est pas toujours possible, cela dépend des contraintes de chacun.

En revanche, on peut choisir sa musique ! Je pense sincèrement que quelqu'un qui écoute une musique violente et agressive à longueur de journée ne peut pas envisager l'avenir autrement que sous un jour pessimiste. Au contraire, les notes sublimes de Mozart laissent derrière elles un sillage de joie, et les fugues de Bach favorisent la concentration, puisqu'elles sont proches des battements du cœur en termes de rythme. D'ailleurs, je suis sûr qu'à chacun correspond une musique, et que celle-ci varie selon les stades de la vie.

*
* *

Il y a aussi la pollution de l'air. Personne aujourd'hui ne peut véritablement y échapper, mais nous pouvons choisir des degrés d'exposition. L'idéal, évidemment, serait de ne pas vivre dans une grande ville – quoique, même à l'intérieur d'une métropole, on n'est pas obligé d'habiter sur un boulevard très passant, il existe des rues plus calmes que d'autres.

À un moment, j'ai eu la chance de disposer de suffisamment d'argent pour acheter une ferme en Ardèche. Comme nous étions en pleine époque « baba cool », on m'a aussitôt étiqueté « écolo », sans nuance. Or cet acte signifiait avant tout pour moi un retour aux sources, à celles de mon enfance en particulier. Un besoin issu du passé, où ma famille sans le sou avait été obligée de vendre tout ce que nous avions afin de pouvoir vivre. Sans aller jusqu'à parler de revanche sur la vie, quand j'ai acheté cette terre, j'avais l'impression de remettre à sa place ce qui n'aurait jamais dû en bouger. J'allais enfin jouer un rôle dans la construction d'une lignée, en être le patriarche, réunir les enfants et les cousins, entasser des objets dans le grenier, raconter des histoires aux petits, monter à cheval, bref, retrouver ma proximité avec la nature, celle que j'avais à l'adolescence, pendant la guerre. J'allais aussi pouvoir manger les œufs des poules de ma ferme et me sentir bien, en dehors de la ville étouffante... Tout cela, je l'ai vécu pendant de nombreuses années et je le vis encore. Savoir que je peux me réfugier dans la tranquillité de ces vieilles pierres est une joie sans cesse renouvelée.

Vous avez dit « écologie » ?

Je suis concerné dans la mesure où cette science nous enseigne à conserver les équilibres vitaux de notre planète. Un peu comme ces chasseurs qui savent ne prélever que leur part, prenant bien garde de ne pas abîmer les réserves afin que les animaux puissent se reproduire et qu'il y ait toujours du gibier en suffisance. Si tout le monde avait ce type de respect, notre planète ne serait pas aussi menacée qu'elle l'est maintenant.

Chez les Indiens d'Amérique, cette notion d'équilibre était très vive. Elle constituait même le fil directeur de leur existence. Un ethnologue nous rapporte ainsi une description du mode de vie de la plus grande partie des Indiens du Canada au XIXᵉ siècle. Il prend comme exemple un peuple appelé les Montagnais :

« [*Ils*] étaient nomades et vivaient essentiellement de chasse, de pêche et de cueillette de fruits sauvages. [...] Ils devaient assurer à la nature bienveillante et généreuse un parfait équilibre en reconnaissance de ce qu'elle faisait pour eux. Sur un territoire de chasse bien déterminé, les Montagnais prenaient bien soin de laisser des mâles et des femelles de chaque espèce animale pour ainsi assurer le repeuplement de leur milieu de vie. La nature était pour eux une mère donatrice, soucieuse de leur survie, tout comme la terre qui donnait à l'Homme le fruit quotidien de sa subsistance. »

Ce comportement est plein de bon sens et montre la relation très forte entre les Indiens et leur terre nourricière. Cette proximité est manifeste dans leur explication de l'univers : « En premier, il y a le monde physique ; en deuxième, le monde des plantes ; en troisième, celui des animaux ; enfin, le monde humain. Tous les quatre forment la vie, et ils sont si intriqués qu'ils constituent une seule existence. [...] Aucune partie n'est autosuffisante ou complète, chacune n'a de signification, de sens et de fonction que dans le contexte global de la Création [1]. »

Ces idées rejoignent pour une large part les miennes. Je pense que nous avons tort de ne pas faire suffisamment de place à cet équilibre fondamental et que nous sommes le seul animal de la planète à ne pas respecter ce qui nous donne la vie, prouvant par là notre vision à court terme et notre avidité. Les conséquences peuvent se révéler dangereuses pour l'humanité.

Cela dit, ce n'est pas pour autant que j'ai des scrupules à écraser un moustique sur mon bras, ou que j'ai envie de devenir végétarien ! À ce propos, je voudrais signaler que j'attends avec impatience que les nanotechnologies nous permettent d'entendre le cri de la laitue qu'on coupe, afin de démentir, une fois pour toutes, cette bonne conscience

---

1. *Terre indienne*, ouvrage collectif dirigé par Philippe Jacquin, Éditions Autrement, 1991.

des végétaliens qui se prétendent moins cruels que les omnivores dont je suis…

Trêve de plaisanterie.

Pour moi, l'écologie, c'est avant tout la chaîne de la vie qu'il faut protéger, un échange permanent entre tous les habitants de la Terre, humains ou animaux.

En fait, je n'ai pas de position « politiquement correcte » dans la mesure où, par exemple, le nucléaire me semble le seul moyen, aujourd'hui, de pallier efficacement la disparition progressive du pétrole… (Je parle de fusion nucléaire, pas encore réalisée à l'échelle industrielle, mais plus « propre » que la fission nucléaire existant dans nos grandes centrales électriques.) Autrement dit, je suis un amoureux de la nature, mais je ne suis pas « vert ». Et j'ai tendance à croire les scientifiques plutôt que les trublions qui brandissent haut et fort l'étendard écolo pour se faire, me semble-t-il, une place au soleil médiatique.

Je vous incite, bien entendu, à suivre les consignes de recyclage, à ne pas polluer la nature en y jetant n'importe quoi, à faire des économies d'énergie en ne prenant pas votre voiture pour un oui ou un non et à faire attention à ne pas gaspiller, d'une manière générale, des ressources dont on sait maintenant qu'elles sont limitées. En un mot, facilitez la vie de tous et soyez responsable !

Mais à propos de certaines questions qui agitent de temps en temps les médias, il me semble inutile de sauter hâtivement sur des conclusions qui manquent souvent de recul. Maintes fois, dans l'histoire, nous avons été témoins de volte-face — on déclare ainsi qu'un produit est le *nec plus ultra* en matière de santé (les Oméga-3, par exemple), et l'on s'aperçoit quelque temps (et quelques ventes) plus tard qu'on avait exagéré, ou mal évalué tel ou tel facteur. Cela arrive sans arrêt dans notre civilisation en quête permanente de nouveautés tout autant que de repères...

Je suis attentif, j'essaie de comprendre le monde qui m'entoure, mais je pense que nous vivons dans une telle complexité qu'il peut être vraiment dangereux de croire la rumeur publique ou d'être trop simpliste. Je vous encourage à en faire autant !

*
* *

Cela dit, j'ai vu l'autre jour un reportage extrêmement bien documenté sur les dangers des émetteurs, auquel je pense qu'il faut ajouter foi. Qu'ils appartiennent à EDF ou aux opérateurs de téléphonie mobile, ces engins de plusieurs mètres de haut peuvent provoquer de graves perturbations dans l'organisme. En me renseignant un peu autour de moi, j'ai pu apprécier les informations à leur juste valeur : la belle-sœur d'un ami s'est vue contrainte de déménager à cause d'un émetteur, sur avis médical. Et ce couple de « jeunes retraités » de ma connaissance, à qui l'on avait installé un émetteur sur le toit de leur immeuble, ont dû, eux aussi, aller chercher refuge ailleurs. Ils éprouvaient des nausées, des vertiges, des maux de tête, qui cessaient immédiatement dès qu'ils se trouvaient dans un autre environnement.

Quant aux experts interrogés dans ce reportage, ils ne semblaient pas des plus clairs. Il apparaîtrait également que les ondes dégagées par les téléphones portables en activité (c'est-à-dire en liaison avec les émetteurs) seraient comparables (en moins fort) à celles des micro-ondes avec lesquels nous cuisons nos aliments. Ce qui signifie que plus longtemps on reste en ligne, plus la « cuisson » est intense ! Il y aurait là de quoi freiner les fringales de téléphone portable consumant nos adolescents, qui mettent régulièrement à plat le portefeuille de leurs parents… Je pense que chacun devrait relayer cette information salvatrice pour nos têtes blondes, et nos finances !

En résumé, je pense qu'il faut se protéger de ce genre de nuisance, et faire attention avec les téléphones portables : les utiliser avec des oreillettes de type kit mains libres, ou ne prendre que de brefs appels. Il vaut mieux en effet appliquer ce que l'on appelle le principe de précaution qui, de toute façon, n'est pas trop compliqué à suivre.

Quelques suggestions

– Si vous avez des problèmes de santé qui vous paraissent mystérieux, essayez de bouger votre lit. Mettez-le, par exemple, de façon à avoir la tête au nord. L'idéal serait de rester éloigné des fameux réseaux des eaux souterraines.

– Lorsque vous pénétrez dans un lieu, prenez quelques secondes pour vous poser la question : suis-je bien ici ? Essayez ensuite de déterminer la cause de votre « impression », qu'elle soit négative ou positive, et que la cause soit externe ou interne. Si vous faites cet exercice souvent, vous n'aurez aucun mal à savoir quel environnement est bon pour vous. Ce qui peut être très utile si vous devez déménager…

– Achetez une oreillette pour votre téléphone portable. Nous n'avons pas encore suffisamment de recul pour savoir avec certitude si ces ondes ne nous exposent pas à un danger, et comme les intérêts en jeu sont très importants, il vaut mieux devancer une éventuelle catastrophe…

– VI –

RESPIRER !

« Absorber et rejeter l'air par les voix respiratoires », dit le dictionnaire et, un peu plus loin, il ajoute : « Vivre, être en vie. » Bien entendu, respirer n'est pas optionnel ! À tel point que ce n'est même pas un sujet de conversation... Il ne viendrait à personne l'idée de demander à quiconque : « Est-ce que vous respirez ? » Mais il serait souvent judicieux de se demander à soi-même : « Est-ce que je sais respirer ? »

En effet, la respiration a un rôle primordial dans le bien-être, la gestion du stress, le chant, le sport ou la spiritualité, ce qui fait déjà beaucoup.

Tout le monde sait qu'il existe des techniques respiratoires. Pourquoi ? Parce que respirer mécaniquement ou bien avec conscience, ce n'est pas du tout la même chose. Par ailleurs, la respiration est la seule fonction vitale dépendante du système neurovégétatif, comme disent les spécialistes, que nous puissions maîtriser. Dans le chant, la respiration est la base de tout. Et c'est grâce à cela que je me suis intéressé à la question, comme je vous l'expliquerai plus loin.

Pourquoi apprendre à respirer ? Parce que la qualité de notre vie peut s'en trouver modifiée. Une respiration contrôlée, plusieurs fois par jour, peut vraiment créer une différence. Je l'ai expérimenté. Ça marche !

Le nez

Le trajet de l'air commence par le nez. Que l'on soit féru de vocalises, sportif, ou que l'on veuille tout bonnement rester en bonne santé, il doit être propre. Cela peut sembler banal, mais si vous avez une présentation à faire à votre équipe de vente, ou si vous voulez demander la main de votre bien-aimée, vous avez intérêt à éliminer les problèmes triviaux de nez encombré.

Plusieurs possibilités de nettoyage. La plus commune et la plus rapide consiste en pulvérisations, à base d'eau de mer ou de solutions physiologiques. On trouve de nombreuses formules en pharmacie et parapharmacie. Il ne faut pas hésiter à en mettre suffisamment pour sentir que la voie est bien dégagée. On peut alors prendre une grande inspiration et savourer l'air qui s'engouffre dans notre trachée-artère. Quel plaisir ! Mais aussi quelle efficacité : n'oublions pas que lorsqu'on parle, notre face entière agit comme une caisse de résonance, et cela inclut les sinus, en communication directe avec les voies nasales.

Dans les cas plus encombrés (allergies, rhinites, rhumes, sinusites), on peut recourir à la vapeur d'eau sous forme d'inhalations. Avec une ou deux gouttes d'huile essentielle de lavande (calmante), d'eucalyptus ou de thym (antiseptiques), le bénéfice est double : les voies sont dégagées et le corps a absorbé de délicieux effluves médicinaux...

Enfin, il ne faut pas oublier que la sécheresse est l'ennemie d'une bonne respiration. Si vous habitez un immeuble surchauffé l'hiver, mettez donc un humidificateur dans chaque pièce et contrôlez régulièrement sa propreté.

À l'heure où l'Occident découvrait les bienfaits du yoga, je me souviens d'une histoire concernant un homme passionné par cet art. Il utilisait un linge stérilisé, qu'il faisait passer à l'intérieur du nez et récupérait dans le fin fond de la gorge… Il recommençait l'opération plusieurs fois, pour s'assurer du résultat, et je le regardais avec un mélange d'incrédulité et d'horreur ! Il prétendait que c'était le seul moyen de garantir une propreté totale du trajet de l'air, sans lequel on ne pouvait travailler l'éveil de l'âme et du corps. C'est grâce à cette démonstration spectaculaire que je me suis rendu compte de l'importance de la respiration dans le yoga.

Quoi qu'il en soit, si le conduit naturel est bien nettoyé, vous devez ressentir, en inspirant, à quel point l'air pénètre bien *en arrière* du nez, remplissant comme un espace supplémentaire à ce niveau, ce qui n'est pas le cas si vos muqueuses sont encombrées, même de manière peu gênante.

Un petit exercice pour vérifier les bienfaits d'un tel nettoyage : prenez des brins de lavande ou une huile essentielle qui sent bon (ilang-ilang ou eucalyptus, selon les goûts). Humez-les. Cette respiration s'appuie sur notre odorat, le sens qui utilise le trajet le plus court vers le cerveau. En inspirant, concentrez-vous sur le trajet de l'air. Il part du nez, mais très vite il atteint une région située à environ deux centimètres au-dessus des yeux, au milieu du front. Ce point est un centre énergétique important, appelé aussi « Palais de la Vie » par les Chinois. Il correspond, toujours d'après les spécialistes, à l'hypophyse, une glande endocrine maîtresse, en liaison avec la thyroïde et la glande pinéale. Même sans savoir tout cela, vous devez être capable d'éprouver à quel point la sensation que vous avez, une fois que l'air inspiré a atteint ce point, est agréable, vivifiante, porteuse d'équilibre et d'un bien-être extraordinaire. Étonnant, non ?

En prime, cette respiration « olfactive » permet d'activer notre capacité d'attention et de mémorisation...

Voici cinq mille ans, les Indiens inventèrent le yoga ou « union avec l'Esprit qui est en nous ». D'après les *Upanishads*, les textes sacrés hindous, il existe quatre voies. Le Hatha Yoga (Hatha est un mot sanskrit qui signifie « soleil » (*ha*) et « lune » (*tha*), celui que nous connaissons principalement en Occident essaye d'équilibrer le corps et l'esprit par des exercices physiques (*asanas*), le contrôle de la respiration – que l'on appelle *pranayama* –, la relaxation et la méditation.

Je ne pratique pas personnellement le yoga, même si pas mal des exercices qui me furent enseignés s'y apparentent plus ou moins. Mais je sais que les respirations de ce type aident beaucoup à se relaxer et, parfois, à atteindre des niveaux de conscience différents qui favorisent un mieux-être. Par exemple, un souffle volontairement saccadé permet à ceux qui pratiquent le *Rebirth*, technique controversée – chacun voit midi à sa porte –, de retrouver l'état de bébé et d'accéder à leurs émotions archaïques.

Ce qui nous amène au lien puissant entre respiration et émotions.

Car la route qui va du nez au diaphragme en passant par les poumons est directement aux prises avec toute une série d'événements : une pensée stressante surgie de nulle part dans notre tête, une parole méchante prononcée par un patron moqueur, une attitude de mépris d'une personne qui nous est chère, une nouvelle bouleversante et soudaine... À vrai dire, n'importe quelle interaction troublante porteuse d'émotions négatives : « Ça m'a coupé le souffle », « J'ai l'impression d'étouffer », « J'ai une boule dans la gorge », « Je suis resté sans voix », tels sont les mots qui nous viennent alors.

Ce qui se passe du point de vue physiologique n'est pas aussi imagé, mais, malheureusement, demeure très fréquent et très réel.

Nous bloquons notre respiration sans nous en rendre compte. Ce qui entraîne des conséquences en chaîne : notre diaphragme ne fait plus correctement son travail, notre énergie ne circule plus aussi bien dans notre corps, nos capillaires n'irriguent plus certaines zones, qui se fragilisent.

Toute cette mécanique perturbée par nos émotions, pour peu que nous ne rétablissions pas le circuit et que nous « laissions faire », conduit à un état de stress qui, accumulé, peut mener à des maladies.

Cela requiert un brin d'explication !

Le diaphragme, notre second cœur

C'est le muscle le plus puissant de notre corps. Il sépare notre abdomen de notre thorax. Tel un piston, il pulse, indépendamment de notre volonté, vingt-quatre mille fois par vingt-quatre heures, en se déplaçant par rapport à sa ligne médiane de quatre centimètres en haut, vers les poumons, et de quatre centimètres en bas, vers les viscères. Il joue un rôle fondamental dans la respiration : sa contraction assure l'inspiration (en créant une dépression dans les poumons qui entraîne une entrée d'air) et sa décontraction permet l'expiration.

Il contribue aussi beaucoup à l'irrigation de notre corps, car ses pulsations permettent au sang de circuler efficacement : le nombre des mouvements du diaphragme représente le quart de ceux du cœur, mais ce muscle est beaucoup plus étendu et donne une propulsion plus importante au volume sanguin. De sa mobilité et de sa souplesse dépendent donc le bon fonctionnement des systèmes cardio-vasculaire et digestif.

Il est également associé à toutes les chaînes musculaires du redressement, du relâchement, de l'ouverture du corps. Il dynamise enfin la colonne vertébrale.

Rien que ça !

J'ai découvert le rôle essentiel du diaphragme et qu'il fallait à tout prix le « soigner » à travers deux rencontres : celle de l'œuvre du Dr Alexandre Salmanoff et celle de Mme Sandra, mon professeur de chant. Tous deux, pour des raisons différentes, m'ont convaincu d'y faire très attention. Il faut bien comprendre que nous avons tous tendance à le « museler », c'est-à-dire à réduire inconsciemment son amplitude et son efficacité, dès que nous nous laissons gagner par l'émotion. Or qui ne ressent pas d'émotions ?

Notre diaphragme est sans arrêt en sous-régime, comme l'est, par conséquent, notre respiration, puisque nous sommes fréquemment atteints par les soucis et autres contrariétés, générateurs d'angoisses et de productions hormonales (comme l'adrénaline), tout cela ayant une influence, paraît-il, sur le relâchement de cet organe.

Bref, il est urgent de faire quelque chose pour rétablir ce muscle dans toute son amplitude et nous donner de meilleures capacités respiratoires et sanguines. En deux mots, vous oxygéner en profondeur ! Si vous agissez sur votre diaphragme, soyez sûrs que vous gagnerez en sérénité et en santé.

À cet égard, je vous propose plusieurs idées.

Agir sur l'enracinement

Les émotions négatives qui nous « prennent » le corps sont nombreuses et elles agissent à notre insu depuis longtemps. L'éducation les a souvent favorisées, ainsi que le regard des autres. Nous les avons intériorisées au fil des nombreuses brimades dont nous avons fait l'objet. Regardez la tranquille assurance de certains jeunes enfants (pas tous, car on peut évidemment trouver des pathologies à tous les âges), bien campés sur leurs jambes. Ne trouvez-vous pas qu'ils donnent une impression d'unité ?

L'un des inconvénients des émotions négatives sur notre organisme est que cela éparpille notre énergie. Autrement dit, nous devons retrouver notre centre pour mieux nous enraciner et nous donner plus de force. Cela, j'en ai eu la confirmation absolue lorsque j'ai commencé à chanter. En effet, contrairement à ce que pensent beaucoup de gens, chanter n'est pas un acte isolé d'une partie de nous (la voix, ou la gorge), mais bien un processus qui appartient au corps entier. Pour bien chanter, il faut être solidement campé sur ses pieds, comme le petit enfant dont nous parlions tout à l'heure.

Les Orientaux ont donné un nom à notre centre : le *hara*. Il est situé à la base de notre tronc, autrement dit dans notre bas-ventre. On accède aux sensations de plénitude, de centrage, d'harmonie, ou même, en allant plus loin, de confiance en soi, en ressentant une sorte d'élargissement bienfaisant à ce niveau. C'est la notion de juste équilibre, entre être et paraître, entre présence à soi et au monde. On y gagne en relaxation et en assurance.

Cette impression est favorisée par tous les exercices de respiration autour du diaphragme que nous allons maintenant aborder. Dans le chapitre suivant, je compléterai en parlant de l'enracinement de la voix.

Agir sur la respiration elle-même : trois étapes

On parle beaucoup de respirer « par le ventre ». Avez-vous vu le ventre d'un bébé se soulever en rythme ? Je me souviens encore de mes filles lorsqu'elles étaient des nourrissons. De leur légèreté, de leur beauté si touchante et de leur petit ventre qui respirait naturellement.

Comme nous pourrions continuer à le faire... Inspirer l'air, le ventre se soulève. Expirer, il s'aplatit un peu, tranquille. Pour retrouver cette sensation, il suffit de quelques minutes par jour en pratiquant une respiration diaphragmatique, où le ventre joue un rôle essentiel.

Avant toute chose, une règle absolue : pour bien respirer, il faut appliquer l'adage « donner pour recevoir ». Autrement dit, une respiration commence toujours par une expiration à fond, et non le contraire. Donner son souffle pour le recevoir...

*
* *

Première étape : prendre conscience de sa respiration en y portant toute son attention. En effet, si l'on arrive à bien ressentir ce qui se passe quand nous respirons, alors nous commencerons également à pouvoir mieux observer les phénomènes de notre corps, ce qui est primordial si l'on veut rester en bonne santé.

— Allongez-vous dans un environnement tranquille (téléphone coupé, au besoin muni de boules Quiès).

— Oubliez vos préoccupations en vous répétant une phrase telle que « je suis bien, tout est calme » pendant environ une minute.

— Puis prenez conscience de votre respiration en débutant par les narines. Sentez comme l'air que vous respirez passe par le nez, changeant de température, et visualisez mentalement tout son trajet : la trachée, les poumons, l'ouverture de la cage thoracique, l'abdomen qui se soulève… Ne forcez pas, cet exercice va juste vous ouvrir un nouveau champ d'exploration !

Avertissement : si vous sentez comme un étourdissement pendant les exercices de respiration, c'est normal puisque vous n'avez pas l'habitude de « bien » respirer. En revanche, si cela devient rapidement plus profond, comme si vous étouffiez, il faut vous arrêter. Cela signifie que vous êtes peut-être sujet à la spasmophilie. En cas de crises de spasmophilie, on conseille habituellement de respirer pendant une ou deux minutes dans un sac en plastique. En général, le sentiment de « partir » s'estompe et la respiration peut reprendre normalement.

N'oubliez pas de consulter un médecin pour qu'il pose son diagnostic !

*
* *

La *deuxième étape*, c'est d'apprendre à respirer par le ventre.

— Position couchée, vous ressentirez mieux votre diaphragme. Expirez à fond plusieurs fois, comme si vous soupiriez, pour vider entièrement vos poumons.

— Prenez alors une grande respiration par le nez en gonflant votre abdomen et en laissant bien les épaules en contact avec le sol.

— Expirez lentement par la bouche en rentrant bien le ventre, et soufflez jusqu'à ce que l'air soit vidé.

— Recommencez jusqu'à ce que la respiration devienne facile et presque inconsciente.

Vous avez maintenant goûté à la sensation de la respiration abdominale. Vous avez pu apprécier à quel point elle était différente de la respiration thoracique, bien moins profonde. Vous avez commencé à rétablir votre oxygénation.

Troisième étape : pour parvenir à encore plus de bénéfices et peut-être même, pour certains, donner une autre couleur à votre vie, je vous conseille la respiration dite « au carré », qui est simple et pratique. Elle se pratique debout ou couché, et même assis. Au bureau, pendant les trajets dans les transports en commun, dans son lit, il suffit de quelques minutes à chaque fois.

— Prendre une inspiration par le nez, en ayant bien soin de gonfler son ventre (à cet égard, signalons que tout vêtement trop serré est nocif !), et en comptant dans sa tête, par exemple, jusqu'à quatre.

— Retenir l'air dans ses poumons en comptant jusqu'à quatre.

— Expirer par la bouche, toujours en comptant jusqu'à quatre.

— Rester les poumons vides, pendant également quatre temps.

— Recommencer cinq ou six fois, trois ou quatre fois par jour. Si l'on ne tient pas quatre temps, on peut choisir trois, ou cinq, l'essentiel étant de rester constant dans le temps choisi pendant la série d'exercices.

L'idéal, c'est que cette respiration devienne une sorte de réflexe que vous pratiquerez un peu n'importe où. Les bénéfices sont immédiats : plus de calme et de concentration, une meilleure irrigation du corps.

Agir sur le diaphragme mécaniquement : le « barattage »

C'est un exercice extraordinaire car il procure un bien-être réel et une détente proche du « nirvana » (rien que ça !), pour peu qu'on le pratique suffisamment. Je conseille de le faire avant de s'endormir, suffisamment loin du dîner pour ne pas perturber la digestion. Il détend beaucoup, provoque de nombreux bâillements et prépare admirablement au sommeil. Il décontracte les viscères et les points nerveux mieux que n'importe quel médicament !

— Au préalable, en position debout : vider ses poumons en expirant complètement par la bouche.

— Fléchir les jambes légèrement, appuyer les mains sur les genoux et pencher le buste à l'horizontale. Dans cette position, toujours les poumons vides, relâchez complètement votre ventre comme s'il pendait dans le vide.

– Toujours sans respirer, lever l'estomac, comme si on voulait le faire passer par-dessus la gorge, ce qui donne un mouvement de contraction/relâchement assez rapide que l'on peut répéter, par exemple, trois ou quatre fois. Pour mieux se représenter la position, imaginez un loup ou un chien qui vient de courir : observez bien son ventre, qui sort et rentre au rythme de sa respiration. Le barattage doit ressembler à cela, vu de l'extérieur.

– Se remettre en position verticale et inhaler une bonne bouffée d'oxygène par le nez. Puis expirer à nouveau en vidant les poumons par la bouche, et recommencer.

Au début, vous arriverez peut-être à le faire une dizaine de fois, ce qui est largement suffisant dans un premier temps. Mais à la longue, peut-être arriverez-vous à augmenter jusqu'à cinquante (avec trois contractions/relâchements à chaque fois), comme une de mes amies, qui me disait avoir soigné sa dépression de cette manière, tant cet exercice lui procurait de bonheur !

Agir sur le diaphragme indirectement : la bouillotte du Dr Alexandre Salmanoff

Je n'ai jamais rencontré cet éminent médecin personnel de Lénine, émigré en France en 1922 et auteur du livre *Secrets et sagesse du corps* [1]. À l'époque, il avait fait des recherches considérables sur les capillaires, ces petits vaisseaux dont le diamètre varie considérablement (de cinq à trente microns), mais dont le rôle dans notre corps est

---

1. Éditions la Table Ronde, 1958.

primordial : ce sont eux qui permettent l'irrigation san-
guine jusqu'au petit bout du plus petit doigt... Ils forment
un réseau dont la longueur a été évaluée à cent mille kilomètres (!) et sont en constante transformation. Il suffit, par
exemple, que l'on se cogne pour que les capillaires se gon-
flent de sang, la région du choc devenant rouge, puis bleue,
et quelques jours plus tard, jaune. Le réflexe que nous
avons dans ce cas est d'appliquer une compresse froide,
afin de réduire le volume des capillaires, empêchant le sang
d'y circuler, donc de gonfler cette partie du corps – et en
même temps, permettant de la soulager. C'est évidemment
un bon réflexe !

Tout le monde connaît bien ce phénomène. Et il en est
de même à chaque infection que nous avons : les capillaires concernés se dilatent à cause de la chaleur provoquée
par l'infection et le sang est alors pompé partout ailleurs
dans notre organisme... parfois, cela peut aller jusqu'à provoquer une chute de tension.

J'ai connu les travaux du Dr Salmanoff grâce au
Dr Roland Sananès [1], qui m'a aidé à soulager les otites de
ma fille, alors âgée de deux ans. Il m'a fait prendre
conscience de ce réseau organique extraordinaire, et j'ai
profité de ses conseils pour guérir de bien des maux tout au
long de ma vie.

Mais revenons au diaphragme et à son rôle dans la respiration. Il se trouve que ce muscle puissant est situé près
du foie et en interaction avec celui-ci. Quand le foie a un
volume trop important, à la suite de maladies ou de repas

---

1. Médecin homéopathe, iridologue, auriculothérapeute, il enseigne aujourd'hui les
médecines parallèles et il est président du Collège de sciences humaines.

un peu trop riches, il contribue à immobiliser le diaphragme. Précisons que c'est pratiquement toujours le cas, à des degrés divers. En effet, avec notre alimentation quotidienne, le foie est trop sollicité, à moins d'être à la diète. De plus, cet organe est un véritable laboratoire qui transforme les nutriments et permet leur assimilation. Il a besoin d'être aidé.

Or il existe une possibilité extraordinaire d'irriguer toute la zone capillaire et de débloquer le diaphragme. Ce remède, d'une simplicité absolue, je l'ai maintes fois essayé avec succès, et j'ai vu récemment sur le forum d'un site de santé connu que plusieurs personnes l'avaient pratiqué et en avaient retiré des bénéfices réels.

Il suffit tout simplement de poser sur le ventre, dans la région du foie, une bouillotte bien chaude.

– Utiliser la bouillotte pendant la nuit [1]. On se couche en plaçant la bouillotte sur la région du foie, on s'endort et on laisse faire, sans plus se préoccuper. La sensation est très agréable…

– Où ? Le foie est situé juste sous nos côtes, du côté droit.

– Comment ? À la bonne vieille bouillotte remplie d'eau, je préfère une sorte de gélatine enfermée dans un sac de plastique étanche, que l'on achète en pharmacie et parapharmacie pour un prix relativement raisonnable, et qui sert aussi bien pour le froid (dans le freezer) que pour le chaud (elle se met dans le micro-ondes, en suivant les instructions données). Ensuite, on l'enveloppe dans un

---

[1]. Attention : s'abstenir en cas de maux de ventre et/ou de fièvre. La chaleur sur un foyer infectieux est totalement contre-indiquée.

torchon propre ou n'importe quel tissu, afin de ne pas « cuire ». Il faut que la chaleur reste agréable, à aucun moment elle ne doit devenir agressive. Si elle est trop forte, il suffit de rajouter une couche de tissu. L'avantage de ce genre de bouillotte est qu'elle reste chaude pendant très longtemps, et qu'elle ne fuit pas.

Explications du Dr Salmanoff : « En chauffant le foie, en augmentant la température du sang dans les lacs sanguins du foie et de la rate, nous activons la circulation des capillaires hépatiques et nous arrivons à augmenter le volume de sang circulant. L'apport de l'énergie thermique, calorifique, diminue les besoins alimentaires. Cette opération simple et peu coûteuse appliquée systématiquement pendant des mois, des années, est d'une valeur préventive inestimable. Après deux, trois, voire quatre semaines de cette simple thérapeutique, le diaphragme commence à être débloqué, ses mouvements deviennent plus amples et plus forts. La respiration, la circulation, la nutrition générale sont améliorées au profit de l'organisme.

« Je ne connais pas une médication plus simple, plus profonde et plus efficace que l'application de la bouillotte sur la région du foie. On lave tous les jours son visage, ses mains, il faut aussi tous les jours laver son foie. Chauffez le foie si vous voulez vivre plus longtemps et être moins souvent malade [1]. »

Voilà qui parle de soi-même !

---

1. *Secrets et sagesse du corps*, page 63, édition de 1958.

Et le rire ?

Les pouvoirs curatifs du rire, tout le monde en a entendu parler ! Carl O. Simonton, un des papes de l'utilisation de la psychologie pour aider à la guérison des cancers, en dit beaucoup de bien dans son ouvrage *Guérir envers et contre tout* [1] : le rire induit un état de bien-être positif qui envoie des messages aux globules blancs, pour faire court, mais scientifique quand même... De plus, il produit une action mécanique : celle de débloquer le diaphragme. Par la succession rapide d'inspirations/ expirations, il joue sur la souplesse de cet organe et ses attaches. D'ailleurs, on le sent bien : il n'est pas rare, à la suite d'un fou rire, d'éprouver des courbatures au niveau du diaphragme, comme si on avait des douleurs dans les jambes d'avoir trop couru... Il reste qu'après un fou rire, justement, on se sent vraiment mieux, comme nettoyé de nos émotions. Ce n'est pas une fiction, mais une réalité !

Un caprice du diaphragme : le hoquet

Le hoquet est une succession de contractions brusques du diaphragme. La glotte se fermant tout de suite après la contraction, cela produit un son caractéristique...

Il a lieu en général quand l'estomac, proche du diaphragme, est en plein travail. Certaines personnes peuvent avoir jusqu'à soixante « hic » par minute !

---

1. Dr Carl Simonton, Stephanie Matthews Simonton, James Creighton. Éditions Desclée de Brouwer.

Les deux remèdes que l'on m'a conseillés – et qui paraît-il fonctionnent bien – sont : manger un carré de sucre imbibé de vinaigre, ou boire un verre d'eau d'une seule traite en se bouchant les oreilles (il vaut mieux être aidé !).

*
* *

On le voit, tout ce qui a trait à la respiration déborde largement sur d'autres fonctions, puisque tout, dans notre organisme, est lié.

En réalité, il ne me serait jamais venu à l'idée de me pencher sur le diaphragme et la respiration si je n'avais pas été confronté à des difficultés avec ma voix, à un moment où il me fallait, comme par hasard, choisir ma voie...

Quelques suggestions

Pratiquez les exercices décrits ci-dessus, en particulier la bouillotte sur le foie, et notez-en les effets au bout d'une semaine, deux semaines, trois semaines... Vous verrez !

– VII –

TROUVER SA VOIX

*« L'être humain est parfaitement conscient que la voix,
parce qu'elle véhicule la parole et le chant,
constitue le plus riche, le plus parfait,
le plus subtil des moyens de communication. »*

Yva Barthélémy

Mon histoire personnelle : édifiante…

La lune s'est couchée bien avant moi cette nuit-là. Il
est 5 heures du matin et je viens de terminer mon travail dans l'un de ces cabarets enfumés du Quartier latin
où je joue. J'ai vingt-six ans et je suis épuisé. Ma voix
rauque suffit à contenter un auditoire peu scrupuleux
– et surtout aviné –, mais je souffre à chaque note émise
et le résultat est loin de me satisfaire. Dans cette atmosphère enfumée, noctambule en diable, je ne me sens
jamais franchement à mon aise. Tard dans la nuit, il se
trouve toujours un client pour me demander d'un ton
implorant, rendu pathétique par les effluves d'alcool

89

qu'il charrie : « Chante-z-y encore une fois ! » et je m'exécute, la mort dans l'âme. Car je sens bien que je suis en train de détruire ma voix, mon précieux organe, mon gagne-pain…

Comment j'en suis arrivé là ? Par hasard ! C'est vrai, je n'ai jamais eu un don absolu pour chanter, mais j'ai toujours vécu dans la musique. Quand j'étais petit, maman m'emmenait souvent aux concerts Pasdeloup ou à la salle Pleyel (pendant que mes frères étudiaient en pension !). Et je me rappelle encore très bien un certain Ravel, que ma mère écoutait religieusement à la radio car il venait d'inventer un morceau fabuleux, que j'adorais moi aussi, le *Boléro*. Régulièrement, Bonne maman – ma grand-mère – surgissait dans la pièce. Son point de vue était clair : « C'est une musique de sauvage ! »

Pendant mon adolescence, j'étais passionné de guitare, d'autant plus que j'ai séjourné trois ans en Espagne, chez mon père et son épouse.

De retour à Paris, en cet été 1949, je ne me dirige pas du tout vers des études de musique. J'aime trop la sculpture et la peinture. Je veux m'inscrire aux Beaux-Arts. Mais mon père ne souscrit pas à l'idée. « Finis ton bac d'abord, me dit-il, après, on verra. » Je lui obéis. Mais « après », sans réel moyen d'existence, je préfère me présenter au service militaire.

Cependant, avant de rejoindre la Grande Muette, me voilà libre dans Paris. À Saint-Germain-des-Prés, la période mythique de l'existentialisme bat son plein. Sartre et Beauvoir se rencontrent au Flore, Juliette Gréco chante au Tabou… et moi, je déambule pieds nus sur l'asphalte, ma guitare à l'épaule. Je porte des jeans alors que ce n'est pas encore la mode, et je suis d'une décontraction que beaucoup de gens m'envient, ou qui les choque, sans que j'en aie vraiment conscience. J'adopte pour QG le café Mabillon, à l'angle de la rue de Buci et du boulevard Saint-Germain, bien moins chic que le Flore ou les Deux-Magots.

Si vous passez aujourd'hui devant cet établissement, vous verrez un café propret, refait il y a peu, à la mode. Mais à l'époque où je m'asseyais à n'importe quelle table en compagnie d'une amie qui avait une belle voix et une bonne mémoire, c'était un troquet parisien sans prétention. C'est là que, de fil en aiguille et de chansons en airs de guitare, on nous offrait un sandwich, un café, une boisson fraîche. Je n'ai jamais, comme on dit dans la rue, « passé l'assiette », expression et geste que je n'apprécie pas du tout. En revanche, cela me faisait vraiment plaisir de profiter de cet échange de bons procédés. Sans compter les quelques amis qui m'invitaient chez eux, pour que j'anime leurs soirées.

La plupart du temps, ils me gardaient à dormir, mais quand je n'avais nulle part où aller, je jouais les troubadours à fond, comme dans la chanson *Je chante* de Charles Trenet, et trouvais refuge dans une soupente de quelques mètres carrés, sous un escalier de la rue du Bac. Je suppose que, maintenant, c'est devenu un local à poubelles. La vraie bohème !

Puis la cigale que j'étais s'est rapidement retrouvée troufion, à la fin de l'été comme il se doit. En rentrant de l'armée, j'étais marié à Hélène, et nous attendions déjà une petite fille. Un cabaretier qui m'avait remarqué à la terrasse du Mabillon me faisait alors travailler.

Le Prince Pol. 8 heures du soir, 5 heures du matin. Un jour de repos par semaine. Un salaire de misère. Mais j'étais chef de famille et je n'ai jamais reculé devant mes responsabilités.

Voilà comment ma voix est devenue rocailleuse.

Un peu plus tard, en 1955, série noire : mon frère Francesco se suicide à vingt-huit ans, au Canada ; l'ami avec qui je travaillais depuis deux ans, Nono, se tue à vingt-six ans dans un accident de voiture ; et le cousin de ma femme, que nous aimions tant, meurt. Le tout en quelques mois. Je suis choqué, atterré. Mon frère possédait une voix naturelle exceptionnelle ; à vingt-cinq ans, il était capable de chanter l'opéra *Boris Godounov* sans avoir rien appris. Il se destinait à une carrière internationale de chanteur lyrique. Et moi, je n'ai plus de voix. Plus rien.

Me voici alors viré de mon travail. Puis ma femme, ma fille et moi nous retrouvons à la rue, car j'avais prêté mon appartement à une amie qui refuse de me le rendre...

Au passage, j'en profite pour vous faire remarquer à quel point un choc émotionnel peut affecter la voix, comme tout à l'heure nous avons pu mesurer ses effets sur la respiration... Dans ce marasme terrible, j'étais « resté sans voix ». Je n'avais plus ni l'envie, ni la possibilité de chanter.

Heureusement, un soir, je fais la connaissance d'un musicien américain, Jeff Davies, pianiste d'Eddie Constantine. Nous discutons et je lui avoue mes problèmes de voix. Il me rassure : « Ta voix, Hugues, ce n'est pas grave ! Tu vas voir, je vais t'envoyer chez mon amie Sandra et tu vas devenir une vraie vedette ! Elle va tout te remettre en place. »

Je dois dire que je n'y crois pas trop. Je me présente tout de même chez Mme Sandra. D'où vient cette femme ? Mystère. J'ai vingt-huit ans à ce moment-là. Aujourd'hui, je regrette beaucoup de ne pas être resté en relation avec elle après avoir arrêté ses leçons…

Pour l'heure, je me trouve devant une femme impressionnante, qui me rappelle à la fois Judy Garland et Frank Sinatra, avec des pommettes très hautes, de grands yeux lumineux et, surtout, un visage qui irradie le bonheur.

— Tout le monde devrait chanter, professe-t-elle. C'est comme manger, marcher, faire l'amour, c'est indispensable à la vie ! Mais nous sommes souvent inhibés, complexés, timides et nous bloquons notre diaphragme. Nous manquons d'air…

Un peu plus tard, elle me balance cette phrase :

— Quand vous souriez, vous êtes triste à mourir !

— Mais, madame Sandra, je n'ai pas les dents de Sinatra !

— Et alors ?

Elle ajoute :

— Aujourd'hui vous venez me voir tel un homme qui a du mal à marcher et encore plus à courir. Moi, non seulement je vais vous réapprendre à marcher et à courir, mais en plus vous serez capable de faire de la compétition !

Comme elle voit en moi…

D'emblée, je suis impressionné et conquis. Elle me rappelle le caractère positif de ma mère, qui voyait toujours le verre à moitié plein et l'amour des autres.

Elle tiendra promesse. En deux ans, elle me fera découvrir l'art vocal et me guidera pas à pas vers ce qui me permettra de faire véritablement carrière. Jusqu'à ce jour de mes trente ans, en 1959, où je gagnerai le concours d'Europe N° 1 et serai propulsé chez Barclay, puis vers le public.

Par la suite, il m'arrivera d'avoir de nouvelles difficultés, mais toujours je m'en sortirai grâce à l'enseignement de Mme Sandra et la confiance en moi qu'elle m'a insufflée.

C'est sûr, à partir de ce moment où j'ai trouvé ma voix, ma voie s'est ouverte. Je ne pense pas du tout qu'il s'agisse d'une coïncidence, mais bien d'un lien logique.

La voix, c'est l'affaire de tous, tout le temps

Quel que soit votre métier ou votre ambition, la voix est votre signature. Votre empreinte personnelle. Si elle est bien posée, c'est votre corps tout entier qui vibre à l'unisson. « Trouver sa voix… à nulle autre pareille, c'est découvrir en soi des sources vives, trouver son identité profonde, facteur d'équilibre et d'authenticité qui apporte la confiance en soi », nous dit Yva Barthélémy [1].

N'oublions pas que dans n'importe quel contexte (celui du travail notamment), la voix donne immédiatement aux autres une bonne – ou une mauvaise – impression. La voix compte pour 38 % de la communication, affirme Nicholas Boothman dans *Tout se joue en moins de deux minutes* [2]. Mais la voix, ce sont d'abord des émotions, portées par plusieurs vecteurs que n'importe quel interlocuteur

---

1. Dans son livre très complet : *La Voix libérée*, Éditions Robert Laffont, 2003.
2. 2002, Éditions Marabout.

décrypte en général en un temps record, d'où l'importance d'avoir appris à bien la positionner, et d'avoir décortiqué et travaillé ses composantes.

Le ton : assuré ou hésitant, clair ou confus. Le rythme : saccadé ou harmonieux. La respiration (encore) : rapide ou lente, profonde ou superficielle, bien placée ou pas. Le volume : fort et passionné ou doux et réservé. Le débit : lent ou rapide. La fréquence (hertzienne) : aiguë ou grave… Tous ces paramètres entrent en ligne de compte quand nous rencontrons quelqu'un pour la première fois, que nous faisons une déclaration d'amour, que nous allons discourir devant des amis à un dîner, ou bien devant une salle pleine de professionnels. Ou encore quand nous allons chanter à l'Olympia !

Et toute cette incroyable précision dépend de trois cents muscles !

Rien que ça ! L'appareil phonatoire est d'une telle complexité qu'il ne sert à rien de partir à l'aveuglette : comme pour courir un marathon, ou pratiquer n'importe quel sport, il faut d'abord s'échauffer. Puis il faut y aller progressivement, et enfin faire attention à ne pas claquer un muscle. On a peine à le croire et, pourtant, on gère sa voix comme on s'occupe du corps d'un athlète. Si on a mal dormi, ou que l'on est allé dans un endroit hostile (enfumé, par exemple), que l'on a bu un peu trop d'alcool ou que l'on a pris froid, il y a fort à parier que nos muscles phonatoires, comme le reste de notre organisme, ne seront pas bien irrigués. Si de plus on utilise sa voix d'une manière déraisonnable, en lui laissant peu de repos, en parlant ou en chantant trop fort ou trop souvent, les toxines ne sont pas éliminées, les cordes vocales s'épaississent et il devient difficile de les faire vibrer. Souvent, elles finissent par développer des nodules qui s'apparentent à des cors aux pieds. Voilà ce qui m'était arrivé quand je chantais au Prince Pol… Il faut donc veiller à ce que nos muscles puissent se décongestionner après l'effort.

Chaque professeur a sa technique, mais il est certain que celle-ci ne peut consister uniquement en vocalises, puisque tout le corps est concerné. On commence donc obligatoirement une leçon de chant par des mouvements de gymnastique spécifiques destinés à positionner correctement notre organisme entier, y compris le larynx, les mâchoires, la langue et notre crâne (qui est l'équivalent de la caisse de résonance d'un instrument de musique).

Je ne vais pas ici vous donner des leçons de chant : certains ouvrages de professeurs reconnus vous seront certainement très profitables, si vous désirez vous lancer dans cette discipline. Et vous auriez tort de vous en priver, étant donné les bienfaits que cela pourrait vous procurer à tous les niveaux. En revanche, je vais vous livrer certaines techniques et réflexions issues de l'apprentissage du chant, et qui peuvent améliorer votre relation à vous-même et au monde qui vous entoure en les rendant, disons, plus harmonieuses.

Cela ne m'empêchera pas de vous dire à quel point chanter représente pour moi à la fois un immense travail et une joie énorme. N'hésitez donc pas !

La respiration et la voix

Nous avons vu son importance au chapitre précédent. Ici, je voudrais juste insister sur l'enracinement, très utile quand on veut chanter avec puissance, ou que l'on désire se sentir fort dans sa vie. N'est-ce pas *presque* la même chose ?

Il est donc très important de bien se positionner par rapport au sol, c'est-à-dire d'écarter légèrement les jambes en les fléchissant un peu, en posant les pieds parallèlement, et en prenant son assise par rapport au bassin, c'est-à-dire au diaphragme. On doit pouvoir ressentir qu'on est bien *posé* sur terre, et que quasiment rien ne peut nous déséquilibrer. On retrouve ce même type de position dans les arts martiaux.

Ensuite, il faut que la respiration accentue cette sensation. Je vous conseille bien sûr les respirations dont j'ai parlé au chapitre précédent, mais j'aimerais ajouter cette variante.

– Dans la position d'enracinement, placer les bras à la hauteur du bassin, comme si on voulait saisir un objet lourd et le porter à bout de bras, en les levant jusqu'à ce que l'on ne puisse aller plus haut, mais sans forcer. Dans le même temps qu'on lève les bras avec cet objet imaginaire, on inspire en laissant le ventre mou et en ouvrant bien la cage thoracique.

– Arrivé en haut, on marque un très léger temps d'arrêt, et on met les paumes des mains vers le bas comme si on voulait appuyer sur un gros piston, tout en expirant. Votre poids repose alors sur l'avant de vos pieds. Attention à ne pas rentrer le ventre ni à le pousser à l'extérieur. L'idéal est de garder l'ouverture du bassin, en ressentant que le souffle, en même temps que les mains s'abaissent, reste bien bas dans le corps.

Le bénéfice de cet exercice est de ressentir l'enracinement et la connexion entre notre organisme et le sol. Il procure un sentiment de puissance qui fait beaucoup de bien. Idéal pour commencer une journée !

Le bâillement et la voix

On nous a appris qu'il était impoli. Probablement parce qu'il énervait les professeurs et les parents, qui en déduisaient que nous ne faisions pas trop attention à ce qu'ils nous disaient…

La réalité est tout autre. Notre capacité à être attentif est en effet fonction de certains cycles, que je ne détaillerai pas, mais qui sont profondément ancrés dans notre physiologie. Des cycles qui croissent et décroissent à peu près toutes les heures et demie, un peu plus ou un peu moins suivant les individus. On appelle cela les cycles ultradiens [1] et nul n'y échappe. Quand débute la période où notre attention décroît, il n'est pas rare qu'elle se signale, entre autres, par un bâillement.

Que faire en période décroissante ? La réponse médicale est formelle : il faut donner au corps le petit moment de répit qu'il demande, et s'accorder une pause. Autrement dit, pas la peine de combattre les bâillements, il vaut mieux les accompagner et, surtout, les prendre pour ce qu'ils sont : un signal nous informant que nous avons besoin de changer d'activité ou de nous détendre. Il peut également nous faire prendre conscience que nous avons faim. Ou que nous avons besoin de faire une sieste, pratique qui, heureusement, est en train de se répandre, y compris dans les entreprises.

En chant, les bâillements servent à élever le voile du palais, à faire descendre légèrement le larynx, à détendre les joues et l'arrière de la bouche, permettant à la voix de se poser sur le

1. Voir par exemple *Vingt minutes de répit*, d'Ernest L. Rossi et David Nimmons, Éditions de l'Homme,1992.

souffle, laissant sa résonance s'épanouir pleinement. On n'est jamais assez détendu quand on travaille sa voix, et cet entraînement évite bien des accidents. Les bâillements sont donc considérés comme des exercices indispensables.

Au fait, qu'est-ce qu'un bâillement ?

D'après les spécialistes, c'est une activité neuromusculaire involontaire, dont on peut néanmoins contrôler les étapes (on peut décider par exemple de bâiller en fermant la bouche), et qui relève aussi d'un comportement social. Ainsi, un des grands bénéfices ignorés du bâillement serait de nous mettre sur la même longueur d'onde que nos semblables. Les éthologues disent que la contagion du bâillement aurait « conféré un avantage sélectif aux hommes en permettant une synchronisation efficace des niveaux de vigilance entre les membres d'un groupe [1] ». Cette capacité de partager les émotions, plus prononcée chez certaines personnes que chez d'autres, aurait donc été façonnée au cours de l'évolution...

Surtout, le bâillement est une forme d'étirement excellent pour la détente. Quand, en plus, on l'accompagne d'un son bien fort, il nous aide à expirer avec amplitude, autrement dit à nous libérer de nos blocages et, parfois, de nos angoisses. On peut donc sans se tromper affirmer que l'un des moyens de combattre le stress est de bien bâiller.

Mais alors, où est passée la politesse ?

Peut-être est-elle restée coincée en 1776, lorsque M. de La Salle, prêtre et instituteur des écoles chrétiennes,

---

1. Selon les dires du Dr Olivier Walusinski, médecin généraliste ayant consacré sa thèse de doctorat au bâillement.

déclarait avec force dans un de ses écrits : « Il faut surtout prendre garde en bâillant de ne rien faire qui soit indécent, et de ne pas bâiller excessivement : il est très malséant de le faire avec bruit ; et encore plus de s'allonger et de s'étendre en le faisant. »

Et moi, je vous donne la consigne exactement inverse : Bâillez ! Profitez de cet appel d'air pour vous redonner souffle et énergie... et n'hésitez pas à ouvrir grand la bouche et à émettre le son qui vous fera du bien. Étirez-vous. Faites-vous plaisir. Je n'ai pas dit qu'il fallait traumatiser vos voisins, mais je suis sûr que vous saurez vous comporter avec mesure et suivant votre environnement !

Le sens du rythme

Trouver son rythme, c'est un peu comme trouver sa voix. Du reste, les deux sont souvent liés. Pour moi qui ai toujours eu l'impression de ne pas être comme tout le monde, j'ai bien conscience que trouver mon rythme, c'est avant tout me sentir en accord avec les autres. Or je n'ai jamais su danser. Cela demande peut-être une coordination qui m'est difficile à acquérir. Pourtant, je réussis à chanter en rythme avec mes musiciens.

Est-ce que cela provient de cette différence fondamentale dont je vous parlais au début de ce livre ? Le fait d'être gaucher, dyslexique, décalé par rapport à ma fratrie ? Certainement ! Mais dans ce cas, nous qui nous pensons tous uniques, ne sommes-nous pas tous « hors rythme » ?

Je n'ai pas de réponse à ces questions, juste des intuitions que j'aimerais partager avec vous.

Tout d'abord, un exemple pour montrer l'importance du rythme. Imaginez que vous vous trouvez spectateur d'un concours hippique. Au début – surtout si vous n'en avez jamais vu –, tout va vous paraître étrange. Mais au bout d'un certain temps, vous commencerez à distinguer ce qui fait gagner un cavalier et son cheval : le rythme. Pour franchir les obstacles, le cheval doit être réglé sur une cadence particulière. Disons qu'il faut qu'il fasse un certain nombre de foulées entre deux obstacles pour pouvoir sauter. S'il en fait une de trop ou une de moins, il ne peut plus sauter l'obstacle. Le cheval gagnant est donc toujours celui qui a été bien « mesuré » par son cavalier, qui lui aura donné le rythme, comme s'il s'agissait d'une respiration.

Pour chanter, c'est exactement la même chose : lorsque vous attaquez une phrase, il faut avoir pris une respiration suffisante au préalable. Si vous hésitez parce que vous avez une sorte de bégaiement psychique (une difficulté à être en rythme), si vous abordez la phrase avec incertitude, alors vous respirerez mal, vous étoufferez et vous serez obligés de faire un effort avec le gosier pour sortir le son. Résultat : vous abîmerez vos cordes vocales. C'est pourquoi les chanteurs d'opéra marquent toujours sur la partition les endroits où il faut respirer.

Par ailleurs, ne vous méprenez pas : toutes ces techniques interviennent de la même façon pour la voix « parlée ». Apprendre à respirer dans la lecture d'un texte au lieu de haleter, à bout de souffle, au milieu d'une phrase ; apprendre à moduler sa voix pour faire passer auprès de nos interlocuteurs notre hésitation, notre désapprobation ou notre enthousiasme ; savoir aussi maîtriser notre ton, ne pas passer dans les aigus de la colère ni dans le côté « cassé » des émotions qu'on ne veut pas laisser transparaître : tout cela peut considérablement améliorer votre vie.

Ensuite, il me semble que nous, les Occidentaux, nous avons perdu le sens du rythme. Une image me reste : à l'Olympia, un jour, j'ai la chance d'assister à un concert de la grande Édith Piaf. Ce petit bout de femme chante l'histoire d'une fille dans un port, et tout le monde est suspendu à ses lèvres, hypnotisé par la force de sa voix et la douleur qui semble sourdre de son corps, là, sur la scène.

Et moi, tout à coup, pris par la musique, j'ai envie de bouger, d'extérioriser ces sensations qui me prennent. Autour de moi, tout le monde retient son souffle, tétanisé. Une question s'impose à moi : comment en sommes-nous arrivés à ne plus utiliser notre corps ?

Je ne peux parler que pour notre pays, mais il me semble que l'uniformisation de la France, imposée par la République qui supprima petit à petit les manifestations régionales (langue, chants, danses) y est pour quelque chose. Au point qu'à la fin des années cinquante, la musique folklorique était considérée comme le summum de la ringardise. Il a fallu les années soixante-dix pour que l'on commence à se rendre compte des richesses de ces mélodies, faites pour la danse. Aujourd'hui, on constate la force du renouveau celtique et la vigueur des chants corses pour ne citer qu'eux. Or les danses folkloriques, justement, offrent de nombreuses possibilités d'expérimenter son sens du rythme : elles étaient essentielles autrefois au tissu social, et permettaient aux enfants de faire l'apprentissage de la communauté de manière douce et ludique en participant au monde des adultes à leur niveau.

Mais qu'est-ce que le sens du rythme ?

Explication scientifique : le rythme concerne l'ensemble du corps, notamment notre système nerveux, par le biais de petits capteurs appelés « corpuscules de Pacini », sensibles aux variations de pression de la voix parlée, de la mélodie et du rythme. Toutes ces sensations sont donc bien liées. Les mains et les pieds disposent d'un réseau de ces petits récepteurs particulièrement important. Toutes les informations rythmiques et spatiales sont ensuite stockées dans le lobe droit du cerveau. Ainsi, ne pas arriver à danser et chanter en même temps peut être révélateur de problèmes au niveau spatial.

Personnellement, cela correspond bien à ce que j'expérimentais souvent, enfant, quand il était question de suivre le rythme : j'éprouvais une moment de désorientation qui m'empêchait de lever le bon pied sur le bon tempo. J'étais toujours à contretemps. Et parfois, je me décourageais vraiment… En d'autres termes plus savants – voire très savants et explicatifs –, il n'y avait pas de tissage harmonieux entre mes points cardinaux (gauche, droite, avant, arrière). J'étais déboussolé. Cela vous est-il arrivé, à vous aussi ?

Le continent du rythme

Plus tard, lorsque j'ai rencontré des Africains subsahariens, je les ai enviés… Leur sens du rythme m'a impressionné. Il se trouve que l'origine de cette capacité innée est racontée en partie dans une belle histoire sacrée :

« Selon la tradition bambara du Komo, l'être suprême, […] Maa Ngala, crée le monde par la parole. Sa première créature fut un œuf comportant neuf divisions […]. Cet œuf donna naissance à vingt êtres fabuleux constituant la totalité des forces existantes. Mais aucun de ces êtres n'étant apte à être l'interlocuteur de Maa Ngala, il préleva une parcelle sur chacune des vingt créatures existantes, les mélangea, puis, soufflant sur ce mélange une étincelle de son propre souffle igné, créa un nouvel être, l'homme, auquel il donna une partie de son propre nom : "Maa" [1]. »

L'homme est donc l'interlocuteur de Dieu. Il a pour mission de rétablir la relation avec Maa Ngala en animant les vibrations de sa parole. Et comment ?

« Pour optimiser l'effet de la parole, elle doit être scandée, tous les poètes vous le diront ! Il faut qu'elle soit scandée rythmiquement parce que le mouvement a besoin de rythme, lui-même fondé sur le secret des nombres. Il faut que la parole reproduise le va-et-vient qui est l'essence du rythme [2]. »

Voilà qui donne une autre perspective sur cette facilité de tout un continent à se laisser transporter à l'aide de son corps et du rythme vers des rivages parfois religieux…

On retrouve bien sûr ce type de conte dans le Vaudou, la Macumba, et toutes les pratiques de transes. Ces dernières s'appuient toujours sur le rythme pour permettre à leurs adeptes de « décoller » de la réalité.

De manière plus générale, ne pourrions-nous pas prendre exemple sur le rythme africain, cette façon de bouger le corps en parfaite harmonie qui semble habiter cette partie du monde ?

---

1. *Amadou Hampâté Bâ, homme de science et de sagesse*, sous la direction d'Amadou Touré et Ntji Idriss Mariko, Nouvelles Éditions maliennes-Karthala, 2005.
2. *Amkoullel, l'enfant peul*, Amadou Hampâté Bâ, Éditions Actes Sud, 1991.

Je suis aujourd'hui toujours fasciné par cette aisance que je ne possède pas et je m'interroge. Est-ce parce que les enfants africains, portés, entourés, sont proches du corps de leur mère pendant les années d'enfance ? Est-ce parce qu'ils ont un contact plus évident avec la Terre et qu'ils sont comme enracinés, alors que nous, les Occidentaux, paraissons à côté d'eux comme en lévitation ? Est-ce parce que chez eux le temps s'étire sans être trop compté, là où chez nous la moindre minute (le temps c'est de l'argent, avons-nous coutume de dire) est fractionnée, utilisée, optimisée ? Ne vivrions-nous pas à contretemps ?

J'exagère ? Pas si sûr. Je rêve qu'un jour nos enfants se sentent libres dans leur corps, qu'ils puissent s'exprimer en rythme, et même posséder ces puissantes voix de poitrine qui vont chercher le son au plus profond de soi. Je rêve d'un mélange subtil entre les continents, qui nous permette d'éprouver, de vivre, d'être *dans* nous-mêmes, et pas à côté. Encore une fois, je ne fais là que m'interroger...

En attendant, je sais que la musique et le chant permettent en partie, et pour certains totalement, de se mettre au diapason de notre rythme propre, ne serait-ce qu'en écoutant.

N'oublions jamais que le premier rythme qui nous a bercé est celui des battements de cœur de notre mère...

La corrélation entre corps et chant...

... Ou comment le fait d'émettre des sons entre en résonance avec notre corps. J'ai découvert cela à travers une discipline appelée la psychophonie, qui s'appuie sur les découvertes de sa fondatrice, Marie-Louise Aucher, décédée en 1994. Elle s'est aperçue des correspondances vibratoires qui existaient entre les sons et le corps humain, et les a codifiées de manière à créer un lien entre nos différents plans : physique, émotionnel, énergétique, mental et même spirituel, et de les harmoniser.

Cette approche m'a paru pleine de bon sens, c'est pourquoi j'en parle ici. Avant de la connaître, je l'avais souvent expérimentée sans jamais faire le lien : certains jours, j'ai du mal à chanter certaines notes ou *une* certaine note. Et il se trouve que cette note défectueuse peut correspondre à un dysfonctionnement dans le corps. Il est vrai que les sons circulent à l'intérieur de notre organisme un peu à la manière d'un flux, en fonction de notre santé, de notre tonus vital, de notre équilibre nerveux et émotionnel.

Le pari de Marie-Louise Aucher, c'était de créer des exercices vocaux permettant de rétablir l'harmonie chez l'être humain. Elle a ainsi eu autour d'elle de nombreux médecins pour s'intéresser à sa démarche et en observer les bienfaits. Pari gagné, puisqu'elle a laissé tout un courant de pensée et une école très dynamique [1].

... La corrélation entre corps et musique

En tentant de comprendre les interactions entre la musique et le corps, j'ai découvert également l'existence de la musicothérapie. Cette forme de thérapie s'est tout d'abord développée en milieu hospitalier, et a gagné l'univers du bien-être. En France, les études scientifiques sérieuses

---

1. Voir le merveilleux ouvrage de Marie-Jo Cardinale et Annie Durieux, *Bien dans ma voix, bien dans ma vie*, Éditions Le Courrier du Livre, 2004.

n'ont débuté qu'en 1970. Elles ont démontré que l'écoute musicale avait des répercussions physiologiques sur l'organisme, à différents niveaux : cardio-vasculaire, respiratoire, musculaire et végétatif. Par exemple, les tempos rapides ou dissonants accélèrent le rythme cardiaque et la respiration tout en faisant grimper la pression artérielle, alors que les tempos lents ralentissent le rythme cardiaque et abaissent la pression artérielle.

Ce n'est qu'un exemple, bien sûr, et nous l'avons tous plus ou moins remarqué : nos réactions diffèrent suivant que nous écoutons Mozart, les Beatles ou Bach...

Tous les paramètres de la musique sont pris en compte (rythmes, fréquences et mélodies), tous les genres sont exploités (classique, moderne, jazz...) pour réguler les émotions, procurer une sensation de bien-être et « déverrouiller » certains troubles. La musicothérapie fonctionne bien en cas de stress, d'anxiété, d'insomnie.

Soigner les maux de la sphère ORL

La zone ORL (oto-rhino-laryngologique) comporte les oreilles, le nez, la gorge. Sans avoir de compétences médicales, il était très important pour moi d'avoir la possibilité de guérir très vite tout ce qui touchait à ma voix. Je ne pouvais — et ne peux toujours pas — imaginer annuler un concert ! Deux remèdes extraordinaires, que j'utilise dès que j'ai mal à la gorge, m'ont été transmis par le Dr Roland Sananès, celui-là même qui m'a initié à la pensée du Dr Alexandre Salmanoff dont je vous ai parlé.

– Le premier va à l'encontre de l'idée reçue selon laquelle, quand on a mal à la gorge, on a besoin de chaleur.

C'est faux ! Le froid permet, au contraire, de rafraîchir le lieu de l'incendie. Il faut donc tremper un mouchoir dans l'eau glacée et le mettre sur la gorge. Puis il faut l'entourer d'une écharpe de laine et le laisser agir une dizaine de minutes. Recommencer autant que l'on veut. La congestion est ainsi absorbée par le froid.

– Le second est très spectaculaire. On remplit son lavabo ou une bassine d'eau chaude, et l'on met la tête sous une serviette en éponge pour garder la chaleur. On immerge alors les deux avant-bras dans l'eau à trente-huit degrés, et toutes les cinq minutes la personne qui nous assiste verse un peu plus d'eau chaude (il faut une bouilloire) dans le lavabo, jusqu'à ce que ce soit vraiment très chaud. L'on tient environ cinq minutes à la plus haute température (quarante-trois ou quarante-quatre degrés). Cela détourne la congestion de la sphère ORL très rapidement. Les capillaires se dilatent, le sang afflue dans les avant-bras et déserte les lieux de l'inflammation. En quelques minutes, la voix est claire, le nez et les sinus débouchés. C'est quasi miraculeux et je l'ai expérimenté de nombreuses fois avec succès !

– La sieste : elle est en train de revenir à la mode et c'est tant mieux. Si l'on respecte bien son rythme, on sent à un moment de la journée une fatigue importante (en général après le repas). On peut alors se relaxer ou dormir pendant un quart d'heure ou vingt minutes (pas plus, car sinon on se sent mal). Au réveil, il ne faut pas hésiter à boire un grand verre d'eau. C'est alors comme si une autre journée commençait. L'efficacité est décuplée par la sieste, comme l'avait bien compris Churchill qui la pratiquait même en plein cœur de la guerre et n'hésitait pas, paraît-il, à se mettre en pyjama !

– Une petite précision sur les antibiotiques. La méthode de Salmanoff le montre bien : face à une maladie de type rhume, il vaut mieux laisser le corps se débrouiller et expulser de lui-même ses toxines. Maintenant, des messages publicitaires nous demandent de ne pas faire appel aux antibiotiques dès qu'un enfant est malade. Et c'est tant mieux !

– VIII –

CIG ARRÊTE !

Qui dit respirer, chanter, parler, dit… se débarrasser d'un certain fléau que nous connaissons tous bien, pour l'avoir fréquenté ou en avoir été la victime passive.

Ils sont nombreux, les amis qui fument, mais bien moins qu'il y a dix, vingt ou trente ans… Souvenez-vous du cow-boy d'une fameuse marque de cigarettes rouge et blanche : il a fait rêver toute une génération et il est mort d'un… cancer des poumons, bien sûr !

À l'époque de mon enfance, la cigarette était valorisante. Elle faisait partie de l'attirail de la séduction masculine, mais aussi d'un certain charme féminin. Le fume-cigarette d'Audrey Hepburn est resté célèbre, tout comme les volutes d'Humphrey Bogart. Dans les films de Gabin, on voyait même des infirmières tirer des bouffées de Gitanes dans les hôpitaux… Un peu plus près de mes débuts, Catherine Deneuve, Alain Delon, Jean-Paul Belmondo fumaient à longueur de pellicule. Sans parler de Gainsbourg et du cigare avec lequel il avait allumé son fameux billet de cinq cents francs. On ne disait rien des

111

incidences du tabac sur le corps. On taisait ce qu'on savait. Trop d'intérêts étaient en jeu. Encore une fois, fumer et boire, voilà qui « signait son homme ».

La prise de conscience a mis des années à venir. Parallèlement, les produits ajoutés au tabac sont devenus de plus en plus offensifs, plaçant les gens sous une dépendance proche de celle des drogues. Aujourd'hui, au cinéma, il n'y a plus guère que les bandits et les terroristes pour aspirer des bouffées salvatrices entre deux méfaits et montrer par là combien ils sont au-delà de toute rédemption ! Et puis cette petite nouvelle, lue en août 2006 : *Keith Richards, le guitariste des Rolling Stones, pourrait écoper d'une amende de 50 livres (72 euros) pour avoir allumé une cigarette sur scène lors du concert du groupe le 25 août à Glasgow, ont affirmé les autorités locales, lundi 28 août.* Révélateur s'il en est d'un revirement total des mentalités…

C'est que le coût social du tabac est devenu exorbitant pour les pays occidentaux. « 600 000 décès prématurés sont imputés chaque année au tabac dans l'Union européenne, dont, en France, 66 000 par consommation et 5 000 par tabagisme passif. » J'ai lu ça récemment dans *Le Monde*, et je trouve que c'est énorme [1] ! Combien de mes amis qui avaient réussi à arrêter de fumer ont replongé car leurs collègues de bureau enfumaient la pièce… On parle de sept millions et demi de personnes en Europe exposées à ce type de tabagie, totalement indépendante de leur volonté, dans leur lieu de travail. Comment faire quand cela vous arrive ? Changer de job ? La réponse est loin d'être simple.

---

1. « Tabac, de l'efficacité d'interdire », *Le Monde* du 27 septembre 2006, Catherine Vincent.

Pour ma part, je pense que les fumeurs ne se rendent pas compte que leur plaisir peut tuer des gens. C'est très irresponsable, et c'est aussi regrettable qu'on en arrive à légiférer sur la question : ce serait tellement mieux que tout le monde ait cette conscience et ce respect de l'autre. Mais je rêve trop, probablement...

En attendant, quinze millions de Français fument encore, malgré le prix du paquet qui a doublé depuis 1991. Mais il existe encore des statistiques que je trouve affolantes, comme cette étude réalisée en 2004, qui établissait à soixante-trois ans l'espérance de vie des croupiers alors que la moyenne nationale avoisine les quatre-vingts ans...

« Il y a encore quelques années, je voyais dans le hall de l'hôpital des malades tenant le déambulateur d'une main et une cigarette de l'autre », m'a rappelé l'autre jour un ami médecin...

Alors quand on me parle de la loi Évin, qui fit scandale dans le milieu de la publicité dans les années quatre-vingt-dix, ou de la loi de ce début 2007 interdisant de fumer dans les lieux publics, je me dis que c'est la seule façon de protéger les gens. Les adeptes du tabac comme les autres. Et tant pis pour les lobbies et ceux qui prétendent que ces lois sont une atteinte à la liberté. Pour moi, la liberté commence où s'arrête la maladie. De toute façon, il paraît que 78 % des Français sont favorables à cette loi, et même 56 % des fumeurs. C'est dire !

Enfin, il faut regarder les choses en face : l'État a fait des profits records avec les taxes sur le tabac. En 2006, ce négoce a rapporté un milliard d'euros dans les caisses du percepteur, et un tiers de cette somme serait reversé à la Sécurité sociale, pour l'aider à combler son déficit. Conclusion ?

*
* *

Le cauchemar, c'est de mourir de tabagisme passif. Le chemin de croix, c'est d'essayer d'arrêter de fumer. Ils sont tellement nombreux, les exemples…

Il y a Pierre, fumeur « occasionnel » : il n'y touche pas pendant deux mois, reprend un an, recommence trois mois… Une fois, il a tenu quatorze ans et puis, le soir de l'an 2000, il accepte la cigarette qu'un ami lui tend. Et c'est reparti ! Il pense ne pas être accro, et peut-être a-t-il raison, mais quand on entend sa voix rauque et la toux qui n'est jamais bien loin, on s'interroge… Il y a Frank, dont les migraines s'étendent sur tout le côté droit de son visage et le paralysent de douleur et de peur, et qui, malgré cela, consume toujours son paquet et demi par jour. Il dit avoir tout essayé, mais reconnaît, exaspéré : « C'est au plus profond de moi, je crois. » Il y a Catherine, qui tente l'hypnose, avec une séance d'une heure et demie en groupe, où il est question de la liberté de ne plus être dépendant. Quatre jours après, elle se réveille au milieu de la nuit, un grand sourire aux lèvres et une pensée : « Ça y est, je suis libre ! » Malheureusement, les deux cent vingt-cinq euros de la séance auront fait long feu… Six mois plus tard elle remet ça. Ensuite, elle essaye l'auriculothérapie, l'acupuncture, voit une tabacologue, prend des kilos, refume, perd les kilos, pour finir par me dire : « Tout ça est ancré très loin. Je sais que je peux le faire, mais si je veux que ça tienne, il me faut d'abord trouver la cause réelle et bénéficier d'un vrai suivi psychologique… »

Et moi !

Mon histoire suit cette lente prise de conscience générale que le tabac nous détruit. Elle colle parfaitement à l'évolution des mentalités. Acte un : 1949, j'ai vingt ans, je pars à l'armée et on me donne mes premières cigarettes. Les recrues que nous sommes ne sont pas assez nourries, tout au moins je garde le souvenir d'une envie de manger permanente… que je calme en fumant. Et plus ça va, plus je tire sur la cigarette. À la fin de mes classes, j'en suis à plus d'un paquet par jour. Et je continue pendant une vingtaine d'années, car je ne veux pas être mis à l'écart d'une part, et d'autre part je suis trop jeune pour me rendre compte du mal que je suis en train de me faire. Cependant, durant les dernières années, je réalise qu'il faut que j'arrête. Pour ma voix. Pour mon souffle. Pour mon bien-être tout entier.

Un matin, sur Europe N° 1, j'entends un médecin – un certain Dr Flourens, je crois – déclarer qu'il peut soigner cette addiction avec l'acupuncture. Je décide de foncer : une fois l'émission terminée, je téléphone, prends rendez-vous, et ça marche : je reste dix ans sans fumer. Me voici débarrassé !

Pourtant, en 1981, au cours d'une croisière avec des amis, je cède de nouveau aux sirènes de la fumée. Pourquoi ? Pour faire comme tout le monde ? Pour me dire que « j'ai bien le droit » ? Je ne me souviens plus, mais c'est vraiment bête, quand on sait comme il est difficile d'arrêter. Et puis, autour de moi, dans les studios, dans la voiture… tout le monde fume. Le monde est loin de ressembler à ce qu'il est aujourd'hui. Comment résister ?

Ma consommation n'est pas aussi forte que par le passé, mais je n'arrive pas à m'arrêter. Je culpabilise. Puis un jour de neige, quatre ans plus tard, en haut des pentes à Flaine, je m'aperçois que je suis essoufflé. Il fait un temps magnifique à deux mille cinq cents mètres d'altitude. J'admire les sommets, je devine les vallées, mes yeux balayent toute cette beauté sauvage. Et j'entends un formidable *non* résonner dans ma tête. Pas une voix, juste une pensée. Qui me parle de santé, du plaisir de respirer, de l'accord entre la nature et moi. De retour dans la station, je jette mon paquet. Je n'ai plus jamais recommencé.

*
* *

Cela dit, chacun de nous a des rapports au tabac différents. Je connais aussi des gens qui n'ont jamais fumé, comme cet homme de cinquante-six ans dont les deux parents sont morts à cause de la cigarette, le père d'un cancer des poumons, la mère de problèmes vasculaires dus au tabac. Dès l'adolescence, par révolte, il refusait de toucher aux cigarettes que ses copains lui tendaient et tentait d'empêcher ses parents de fumer par tous les moyens ! Ou encore cette amie qui, à trente-cinq ans, en a fini pour de bon avec cette dépendance parce qu'elle s'était dit, peu après son divorce : « Quand ça ira mieux, je ne fumerai plus. » Effectivement, le jour où elle a rencontré son nouvel amoureux, elle n'a eu aucun effort à faire : « la cigarette l'a quittée », selon ses propres dires. À croire que son inconscient avait enregistré sa promesse. Des cas comme ceux-là sont rares, mais ils montrent bien que mettre un terme à une telle

116

addiction relève de quelque chose de très profond, intime, parfois complètement inconnu de la personne elle-même. Et que nous ne sommes pas tous égaux devant la bataille. Pour certains, ce sera un exploit, pour d'autres, une formalité.

Cela prouve aussi que la cigarette agit exactement comme une drogue dure. C'est fou, pour moi qui viens de cette période où tout le monde pensait que c'était bien de fumer, d'en arriver à ce constat. Je sais maintenant que les neurotransmetteurs de notre cerveau s'ouvrent quand le tabac est inhalé, et que c'est exactement le même processus avec les drogues dures. Ce que je ne comprends pas, c'est que l'on ne traite pas les fumeurs avec la même attention. Peut-être parce que les signaux d'alarme ne sont pas aussi évidents.

En effet, si vous êtes ivre, par exemple, vous allez avoir la tête qui tourne, dire des bêtises, avoir des nausées, la gueule de bois, éventuellement, ne plus vous souvenir où vous habitez… mais avec la cigarette, les symptômes ne sont pas aussi clairs ! Simplement, un jour, après des années d'intoxication, votre médecin vous annonce un cancer. C'est l'unique signal…

J'ai souvent entendu dire qu'arrêter de fumer était une question de volonté, ou qu'il s'agissait juste d'un geste. Mais non ! C'est bien plus complexe pour la majorité des gens. Sinon, il n'y aurait pas environ treize millions de fumeurs en France… Si l'on interroge les psys, ils parlent de pulsions de mort, ils mettent le tabagisme dans la même catégorie que les conduites à risques sur la route, la non-prévention du sida, les abus d'alcool ou d'alimentation. En réalité, nous avons à portée de main, de manière permanente, toutes les armes pour nous détruire, et nous ne nous en privons pas. Mais je trouve que le suicide par la cigarette est un des plus sinistres qui soient.

Comment guérir ?

Je ne crois pas en un remède miracle, mais en un déclic suivi de toutes sortes de mesures. En ce qui concerne la prise de conscience, je renvoie chacun à ses responsabilités, à ses ressources intérieures. Pour certains, ce sera le dégoût de soi-même (odeur, goût) qui fonctionnera. Pour d'autres, la peur (de mourir, de souffrir). Pour d'autres encore, le respect des autres (la naissance prochaine d'un enfant, la rencontre avec un nouvel amour qui ne supporte pas la fumée). Ou une phrase entendue dans la rue, le regard d'un ami, une maladie, un séjour à l'hôpital sans possibilité de fumer…

Peu importe d'où vient le déclic. Mais je crois en ces rencontres entre un désir profond et un élément extérieur qui vient actualiser ce qui se tramait en secret au fond de l'âme…

Si ce déclic ne se produit pas, on peut le provoquer. Et là, toutes les ressources doivent être utilisées. Comme quand on se bat avec la drogue. Parce que le tabac *est* une drogue. Aller jusqu'à faire une cure de désintoxication dans un lieu plus ou moins coupé du monde ? Se faire aider par la médecine, traditionnelle ou moderne ? En profiter pour mieux se connaître soi-même à travers une démarche psychologique ou psychanalytique ? Je pense que tout est bon. Tout est utilisable. Et tout est affaire de motivation. Quand on veut vraiment se débarrasser d'un problème, il faut chercher… jusqu'à ce qu'on trouve.

L'auriculothérapie

On a souvent parlé des bienfaits de l'auriculothérapie pour tenter d'arrêter de fumer – et aussi en cas de douleurs. Une chose est sûre, cette méthode aujourd'hui n'est plus contestée par la science. L'auriculothérapie est même une technique officiellement reconnue depuis quelques années par l'Organisation mondiale de la santé comme une médecine traditionnelle.

Comment cela fonctionne-t-il ? Cette technique médicale a été découverte il y a cinquante ans par un médecin lyonnais, Paul Nogier. Elle est dérivée de l'acupuncture et fondée sur la stimulation de points réflexes concentrés sur l'oreille, chacun correspondant à un organe. Les points en correspondance présentent une « altération » qui sera détectée par un palpeur à pression, et précisée par un détecteur électrique.

Le médecin examine les variations du pouls du patient quand il stimule telle ou telle zone, et donne ainsi son diagnostic. En agissant sur les points, on est en connexion directe avec le système nerveux central. Il existe plusieurs manières de traiter : des fines aiguilles stériles à usage unique, posées quelques secondes ou minutes, aux aiguilles semi-permanentes, laissées en place une à deux semaines, en passant par les stimulations électromagnétiques, les massages, ou des rayonnements de type soft-Laser, totalement indolores…

Le traitement peut être efficace en quelques heures ou quelques jours pour les cas les plus « légers », et en une à quatre semaines pour les plus atteints. Une fois l'effet bénéfique estompé, on peut recommencer.

Pourtant, beaucoup la considèrent encore comme sans fondement et « magique ». C'est faux, et des études très sérieuses le montrent : une expérience menée en 2001 par le Dr David Alimi (de l'institut Gustave-Roussy de Villejuif) a montré, grâce à l'imagerie par résonance magnétique (IRM), la zone du cerveau qui s'active lorsque l'on stimule le pouce. Or, quand on perce l'oreille avec un clou en or à l'endroit de la représentation du pouce sur l'oreille, l'IRM montre que la même zone s'active.

Pratiquée en France par des médecins détenteurs d'un diplôme universitaire délivré en faculté de médecine, l'auriculothérapie est utilisée depuis 1982 au centre anti-douleur de l'institut Gustave-Roussy, un établissement de référence en matière de lutte contre le cancer.

Quelques suggestions

– Évitez les atmosphères enfumées des bars, des cafétérias étudiantes, des boîtes de nuit et des casinos, qui seront bientôt les derniers refuges où le tabac pourra vous intoxiquer doublement.

– Changez de régime alimentaire : souvent, on a peur de grossir en s'arrêtant de fumer. Il est vrai que la cigarette est un coupe-faim, il faut donc en profiter pour changer aussi ses habitudes. Un de mes amis avait remplacé chaque cigarette par un verre d'eau, une autre se bourrait de salades et de légumes verts pour compenser… À vous d'inventer le régime qui vous va, ou les palliatifs qu'il vous faut : pas question de remplacer une dépendance par une autre. Si vous avez décidé de vous faire du bien, alors allez jusqu'au bout !

– Rendez-vous au chapitre qui suit pour l'équilibre de la table…

– IX –

GARDER SA LIGNE

Des régimes, j'en ai vu passer des dizaines. D'ailleurs, je m'y intéresse, à l'origine, à cause de leurs méfaits sur certains de mes amis. L'une d'entre elles m'a un jour décrit la manière dont son poids remontait invariablement après chaque tentative ; elle appelait cela « l'effet Yo-Yo », très fréquent paraît-il.

Lorsque je lui posai la question : « Et comment s'appelle ta dernière diète ? » elle me cita ses dernières tentatives en vrac. Le régime qui supprime le sucre, celui qui augmente les protéines, celui où l'on ne consomme que des œufs, celui qui dissocie les aliments, et même celui qui préconise de manger en fonction de son groupe sanguin. Tous, d'après elle, menaient au pire à des carences, et, au mieux, à une reprise de poids. Sans compter les crises de nerfs souvent provoquées par le manque de sucres... Je ne pus alors m'empêcher de lui demander : « Et le régime *bon sens*, tu as essayé ? » Cette remarque la fit sourire.

Il n'empêche, je comprends très bien l'idéal de minceur qui existe dans notre civilisation, mais je ne pense pas qu'il faille s'y sacrifier. Il vaudrait mieux remplacer cette lubie de magazine, doublée du diktat de l'image parfaite, par un impératif de bien-être. Et, à mon sens, le premier atout à mettre de son côté, c'est le mouvement.

Pendant les siècles précédents, nous nous sommes nourris avec ce qui nous entourait, principalement de protéines et de sucres lents telles les céréales, les pommes de terre et les légumineuses (lentilles, haricots, etc.). Ces cinquante dernières années ont vu notre mode alimentaire changer radicalement. En particulier, nous consommons toujours plus de graisses et de sucres rapides (pâtisseries, sodas, chocolat, bonbons…). Autrement dit, notre civilisation est en train de devenir obèse. On a relevé récemment que le monde comptait aujourd'hui plus de personnes en surpoids que de personnes sous-alimentées…

L'obésité, d'après le nutritionniste Jean-Michel Cohen, est un phénomène comparable au sida et les pouvoirs publics devraient intervenir. Il est vrai que sans aller jusqu'à ces extrémités, on peut tout de même frémir devant les chiffres : « 11 % des Français sont obèses et 30 % sont en surpoids. À ce rythme, dans quinze ou vingt ans, ce sera la moitié de la population qui sera concernée [1]. » Il paraîtrait qu'aux États-Unis l'obésité est en train de faire reculer l'espérance de vie ! En effet, on ne compte plus les maladies provoquées par une mauvaise façon de s'alimenter. Voilà donc un problème qu'il convient de prendre au sérieux, sans toutefois le dramatiser, car à la minute où l'on étiquette les choses et les gens on se met en position d'obtenir tout le contraire de ce qu'on recherchait. Agir, oui, mais avec douceur.

---

1. *Savoir manger*, Jean-Michel Cohen, Éditions Flammarion, 2006.

Pour rester svelte, commencez par… bouger !

En ce qui me concerne, mon opinion est arrêtée de longue date : les êtres humains sont faits pour marcher, pour se déplacer, s'activer, et cela depuis la nuit des temps. Ils avaient l'habitude de dépenser – grâce aux mouvements requis pour cueillir, faire pousser, chasser – les calories qu'ils avalaient lors de leurs repas, et un équilibre s'entretenait jour après jour sans qu'ils en soient conscients. À l'arrivée de l'ère industrielle, tout changea, car l'effort physique fut de moins en moins nécessaire. Jusqu'à notre ère de divertissement, où nous passons de plus en plus de temps vautrés devant les écrans. En panne.

Je pense donc que c'est par là qu'il faut commencer pour rester svelte : bouger. Vous remarquerez que je ne prononce pas le mot « sport ». Je ne suis pas contre, bien entendu, et je reste persuadé qu'un sport régulier peut faire du bien à nombre d'entre nous, mais pas à moi ! J'ai lu quelque part que le grand Churchill lui-même, quand on lui demandait quel était son secret de réussite, répondait : « *No sports !* » Bien sûr, il n'était pas un modèle de minceur, mais avec quelle maestria il a sauvé l'Angleterre !

Dans ma vie, j'ai préféré remplacer le concept de sport par celui d'« activités physiques ». Par exemple, je pratique l'équitation avec autant de passion que d'irrégularité. Passion car j'adore les chevaux. Irrégularité car je suis un artiste, autant dire que mon travail n'est absolument pas compatible avec un quelconque horaire fixe. De la même manière, il m'arrive de jouer à la pelote basque. Ou encore, de jardiner intensément. Ou de marcher juste pour le plaisir.

Mais ce qui me maintient en forme, ce qui structure mes dépenses physiques, c'est la scène. Environ deux fois par semaine, parfois plus, je vis ces moments forts. Mon corps tout entier, et pas seulement ma voix, est mis à contribution pour apporter du plaisir à des personnes qui se sont déplacées et ont payé afin de venir m'entendre et me voir. J'ai le plus grand respect pour elles. Je me dois d'être à la hauteur. Par conséquent, la forme dans laquelle je me trouve est primordiale et je libère mon énergie sans frein à chaque fois. Je ne parle pas des moments moins drôles que sont les attentes – il y en a beaucoup dans mon métier –, ou encore des innombrables réglages d'instruments, pendant lesquels mon énergie ne me sert qu'à prendre patience... Toujours est-il que cette dépense physique me suffit amplement, mais que, évidemment, elle n'est pas que physique.

C'est d'ailleurs un point essentiel : si j'oppose le sport à l'activité physique, c'est parce que le premier me semble contraignant et la seconde bien plus complète, personnelle et humaine. Le plaisir ressenti devant une salle réceptive parce que je me suis dépassé et que nous avons réussi, mes musiciens et moi, à l'émouvoir, me donne des ailes et contribue énormément à mon bien-être général.

Chacun donc devrait pouvoir trouver avant tout ce qui lui correspond, dans des activités qui ne sont, d'ailleurs, pas forcément hors du commun... Pour certains, ce sera faire le ménage à fond, qui suppose de multiples mouvements, ou se rendre dans les magasins en marchant vite, laisser sa voiture loin de sa destination, ou encore monter à pied tous les escaliers qui se présentent. Pour d'autres ce sera la gymnastique en salle à l'heure du déjeuner. Il existe des dizaines d'opportunités dans une journée de faire quelque chose d'utile ou de plaisant, tout en bougeant son corps au maximum. Et malgré la vie citadine, qui ne s'accommode pas très bien de notre besoin fondamental d'action, je vous invite à ruser avec elle, et à faire preuve d'inventivité.

Une nouvelle fois, du moment qu'un système vous convient… Encore faut-il se donner la possibilité d'essayer beaucoup de choses différentes, ne pas suivre les modes systématiquement, et ne pas trop tenir compte du regard des autres. Le plus important étant de permettre à notre énergie de circuler, afin que toutes nos cellules soient bien irriguées, et que la nourriture absorbée soit utilisée et peu stockée.

Pour en revenir au sport, je n'en exclus pas la pratique régulière. Cependant, là aussi, je pense qu'il vaut mieux le choisir relaxant, et le pratiquer sans excès. La natation dans une piscine suffisamment chauffée, très bonne pour l'équilibre général et le mal de dos, me semble allier douceur et facilité. Quant à l'équitation, on dit souvent qu'elle est mauvaise pour la colonne vertébrale, mais je sais qu'il n'en est rien. La position adoptée par le cavalier est telle qu'elle muscle bien le dos, au contraire. Cependant, je ne la recommande pas en cas de hernie discale, cela va sans dire.

À cet égard, je voudrais souligner que les grands sportifs sont souvent en état de déséquilibre permanent, et vieillissent plus rapidement que le reste de la population. Il me semble donc dangereux de les imiter. Là aussi, le sens de la mesure doit primer.

Bien s'alimenter

La deuxième condition pour une silhouette satisfaisante, c'est le « bien-manger ». Dans ce domaine, je suis loin d'être un spécialiste. J'ai juste l'impression qu'il est bon, une fois de plus, de se tenir éloigné des effets de mode et d'apprendre à sentir ce qui est bon pour nous.

J'ai constaté, par exemple, qu'une bonne digestion permettait de mieux assimiler les aliments. Il faut par conséquent se méfier de certains aliments qui se digèrent mal – comme le lait dont j'ai déjà parlé –, et faire attention aux allergies dont nous sommes parfois victimes sans le savoir. Enfin, n'hésitons pas à mastiquer correctement, la digestion des aliments commence là et, en plus, cela prolonge le plaisir !

Ce plaisir se pare de couleurs différentes pour chacun d'entre nous. Ainsi, pour certains de mes amis artistes, il est très important d'aller dans de grands restaurants dont ils connaissent les chefs prestigieux. Ils ne veulent déguster que les mets les plus délicats et les mieux cuisinés.

Pour ma part, j'aime la simplicité. Un œuf à la coque bien frais, une orange bien juteuse ou une côtelette d'agneau bien tendre valent tous les « toqués » du monde… Mais surtout, ce qui me plaît dans un repas, c'est de me trouver avec ceux que j'affectionne. Ma famille, mes musiciens, mes amis peuvent m'entraîner vers n'importe quelle table, j'apprécie à peu près tout ! Ainsi, j'ai souvent eu l'impression que la joie de me trouver en bonne compagnie me permet d'assimiler mieux ma nourriture et, par là même, de ne pas prendre de poids. Ce n'est pas si bête, puisque certains médecins en parlent…

Dans ce domaine, j'ai également remarqué qu'une bonne irrigation du corps me réussissait. Après tout, nous sommes constitués à soixante-dix pour cent d'eau, et il nous faut la renouveler sans cesse. Ainsi, boire deux litres par jour me paraît un minimum. Et j'en profite pour parler de la rétention d'eau, si mauvaise en cas de surpoids, mais si utile en cas de grande chaleur. Il convient alors de manger salé pendant les canicules pour que l'eau ne fasse pas qu'entrer et sortir du corps. On a ainsi vu en juillet 2006 des personnes âgées ayant *trop bu* être hospitalisées ! Donc, « plus d'eau et moins de sel », d'accord, mais « trop d'eau et plus du tout de sel », certainement pas, qu'on se le dise…

Par ailleurs, autre principe de bon sens, diminuer la ration du dîner fonctionne très bien. En effet, nous ne brûlons pas ce que nous avalons le soir, puisque nous n'avons qu'une faible dépense d'énergie entre le repas et le coucher (sauf exception, donner un concert par exemple…). Moins manger le soir est par excellence le « régime » facile à suivre. Et les effets sur le sommeil sont bienfaisants : on dort mieux quand on a mangé en suffisance, mais pas trop. Tout ce qui peut réduire le stockage est bon à prendre… À vous d'adapter cet embryon de régime à vos habitudes.

Un petit déjeuner copieux, un déjeuner normal, un goûter léger, puis un dîner ultra simple (protéines – légumes verts par exemple). Et le tour est joué !

Ce que je pense du jeûne

Chez certaines stars américaines notamment, c'est une véritable mode. Je connais quelques personnes qui ont pratiqué une semaine de jeûne : pas de nourriture solide excepté une cuillerée de miel par jour. Le reste du temps, de l'eau et des tisanes. On m'a raconté qu'il y avait un moment, vers le troisième jour, où l'on se sentait moins encrassé : le corps se débarrassait de ses toxines.

Comme ce n'est pas un chemin que j'aurais tendance à prendre naturellement, j'ai posé des questions sur ce qui me paraissait important : est-ce une technique pour maigrir ?

La réponse de mes amis, et celle d'un médecin, a été formelle : absolument pas, dans la mesure où l'on ne perd pas nécessairement de la graisse, mais plutôt du muscle. Par ailleurs, les kilos perdus (en moyenne quatre à cinq dans la semaine) se reprennent très facilement et très vite.

En revanche, le jeûne se révèle effectivement intéressant pour détoxifier l'organisme. Il faut toutefois faire extrêmement attention car détoxifier un corps trop malade peut être dangereux et entraîner de gros problèmes. Le mieux, c'est de pratiquer le jeûne sous contrôle médical, ou de se documenter à fond sur le sujet.

Mais là où cette ascèse semble le plus spectaculaire, c'est dans la prise de conscience qui en découle : il est tout à fait possible de ne pas manger pendant une semaine ! Cela ne provoque aucun dégât, aucune gêne, et mes amis ont fait des promenades de plusieurs heures sans éprouver la moindre fatigue. Certains ont même pratiqué l'escalade !

La dimension sociale de la nourriture leur est apparue aussi dans toute son importance : mes amis se sont trouvés tout à coup étonnés du temps que nous consacrons aux repas et à tout ce qui y touche (l'élaboration des menus, les courses, la cuisine...). Ils ont pu constater par ailleurs que

l'habitude de se réunir autour d'une table, elle, ne dispa-
raissait pas, comme si nous étions programmés quoi qu'il
arrive pour ces instants de sociabilité.

En fin de compte, ils ont trouvé leur expérience enri-
chissante, mais pas forcément là où ils s'y attendaient.
Réfléchissons : de quelle intention chargeons-nous les
repas que nous prenons ? Avalons-nous des aliments ou
partageons-nous un moment ? Que représente la nourriture pour nous ? Je vous laisse libre d'apprécier les réponses que vous donnerez à ces questions...

Comprendre

Ce que je trouve vraiment incroyable, dans les régimes,
c'est l'effet Yo-Yo dont je parlais tout à l'heure. Pourquoi se
donner tant de mal si, à l'arrivée, on ne contrôle plus rien ?
Récemment, trois cents médecins et nutritionnistes se sont
réunis en un Groupe de réflexion sur l'obésité et le surpoids, le... GROS. Selon eux, s'il ne subsistait qu'une
règle, ce serait celle-ci : pas de règle ! Attention, cela ne
signifie pas que l'on puisse manger n'importe quoi, mais
qu'il faut apprendre à s'écouter : manger quand on a faim.
Une prise de conscience qui va dans le bon sens, selon moi.

Pour ce groupe, pourtant, l'important serait d'avoir compris pourquoi nous grossissons. En effet, il paraît que la prise
de poids commence toujours par un dérèglement émotionnel qui modifie les sensations de faim et de satiété. Difficultés
professionnelles, naissance d'un enfant, insatisfaction par
rapport à son poids naturel, tant de facteurs peuvent intervenir ! Un long travail, qui passe souvent par l'intervention
d'un psychologue, psychanalyste ou psychiatre, sera alors

129

utile. Et il semblerait qu'une fois les causes cernées, on devient capable de retrouver précisément ses sensations alimentaires, et que l'effet Yo-Yo disparaît : le poids se stabilise tranquillement. Les gens retrouvent le poids qui leur convient et n'en changent plus…

On est évidemment très loin des régimes traditionnels, puisqu'on s'attaque à la cause, pour une fois.

*
* *

En matière d'alimentation, je ne m'interdis rien et je n'abuse de rien. C'est mon credo et il me réussit.

Les membres du GROS – que cet acronyme est amusant ! – le proclament : il faut cultiver ses plaisirs. C'est en goûtant que l'on se rassasie. Par exemple, si ce bout de fromage vous tente, c'est sans doute que votre corps est en manque de calcium. D'instinct, il sait de quelle quantité il a besoin. Et quand tous les sens participent à la dégustation, on est vite rassasié. Manger à sa faim, donc ! Cette maxime, évidemment, n'est valable que si l'on n'a pas complètement déréglé ses signaux de faim et de satiété.

En vérité, je lutte dans ces quelques lignes contre une tendance que j'ai cru déceler chez beaucoup : une culpabilité permanente sur ce qu'il convient de faire et de ne pas faire, culpabilité particulièrement vivace quand elle touche au corps. Je ne parle pas ici des personnes malades qui doivent faire des régimes pour survivre, mais de tous ceux qui souhaitent simplement garder la ligne. Quoique cette notion même de ligne varie beaucoup avec le temps : il est certain que je suis beaucoup plus indulgent avec moi-même aujourd'hui, même si j'étais plus mince auparavant.

Ainsi, en remplaçant le mot « sport » par celui d'« activité physique » et celui de « régime » par « équilibre et plaisir adaptés à chacun », j'espère donner une petite bouffée de fraîcheur à ceux qui pensent que la contrainte absolue les mènera au bonheur.

Je prône douceur et gentillesse vis-à-vis de soi-même. Parce que nous le valons bien !

Quelques suggestions

– Remplacez le sucre traditionnel par du fructose. C'est très facile, on en trouve dans n'importe quel supermarché. Le fructose a exactement le même goût que le sucre classique, sauf qu'on en met deux fois moins et, surtout, il est lent au lieu d'être rapide. Résultat : plus de coup de barre et une meilleure assimilation. Pour moi, c'est un aliment miracle. Sauf si, bien sûr, vous réussissez à vous déshabituer complètement du sucre… En tout cas, attention à l'aspartam : non seulement, son goût n'a rien à voir avec celui du sucre, mais en plus il vaut mieux rester prudent, vu les polémiques qu'il suscite. Certains se demandent toujours s'il ne serait pas cancérigène… Pour ma part, dans le doute, je m'abstiens !

– Essayez de comprendre ce qui ne va pas entre vous et la nourriture. Avez-vous toujours mangé autant ? Est-ce que vous traversez une période difficile ? Si oui, avez-vous songé à vous faire aider ?

– Si vous venez d'accoucher, vous avez certainement des kilos à perdre : patience et longueur de temps… Reposez-vous, prenez la vie du bon côté, tout va rentrer dans l'ordre. Si vous voyez que ça tarde un peu, consultez un spécialiste et n'oubliez pas de lui demander de regarder du côté des hormones…

– X –

SOIGNER SON DOS

Je me souviens très bien des maux de dos de ma mère : elle passait des journées entières au lit. J'éprouvais de la tristesse à la voir ainsi souffrir. Rien ne semblait la soulager.

Un jour cependant – c'était en 1943, je crois –, quelqu'un lui conseilla un rebouteux. Un jeune homme timide et beau se présenta chez nous. Très vite, son action permit à maman de retrouver une certaine autonomie. Et surtout, le sourire... Par ailleurs, nous nous sommes vite rendu compte qu'il ne demandait pas grand-chose pour exercer son art, et qu'il avait une réputation extraordinaire dans le « pays » où nous habitions alors, à Sorèze, charmante petite ville du Tarn au climat agréable et aux rues médiévales pittoresques. Effectivement, il avait un don et l'exerçait avec discernement. Nous savions qu'il avait réussi à redresser des cas désespérés. Mais il ne possédait aucun diplôme et n'avait fréquenté aucune faculté.

Un matin, à l'heure de son rendez-vous habituel, ma mère apprit que le jeune homme avait été arrêté. Des jaloux, certainement, l'avaient dénoncé comme pratiquant l'exercice illégal de la médecine. On le jeta en prison, et nous n'en entendîmes plus jamais parler. Qui sait ce qu'il est devenu en ces temps de guerre, troublés et délateurs ?

Par la suite, les nombreux médecins qui se sont penchés sur les maux de maman lui ont toujours conseillé de garder le lit. Ce qu'elle a fait jusqu'à ce qu'elle aille voir le Dr Robert Maigne, l'homme qui a introduit l'ostéopathie en France, lequel lui conseilla la natation.

Cette idée lui sembla révolutionnaire. Aujourd'hui, bien des gens croient encore que, en cas de mal de dos, l'immobilité s'impose. C'est faux. Les médecins eux-mêmes en sont revenus. Maman ne suivit donc pas les conseils du Dr Maigne. Sa réaction fut malheureusement de dire : « Oh ! Moi, à mon âge, je ne me vois pas me mettre en maillot de bain ! » Et pourtant, la piscine était quasiment en face de chez elle. Si vous êtes dans le même cas, n'hésitez pas à plonger !

Pour ne plus avoir mal au dos

« Elle en a plein le dos », « Il s'est cassé les reins sur ce problème », « J'ai bon dos » : toutes ces expressions reflètent souvent une réalité bien tangible et, parfois, des difficultés psychologiques profondes.

On vous l'a répété sur tous les tons : le mal de dos est le mal du siècle. Les grands accusés sont le stress et la sédentarisation.

Le stress s'accumule effectivement dans notre existence sans que nous y prenions garde, pour des causes à la fois externes et internes. Les agressions sont de plus en plus fortes (pollution, insécurité, compétition au travail, nervosité), et le pire, c'est que nous en rajoutons en nous donnant des objectifs difficiles à atteindre : la réussite matérielle à tout prix ou l'acquisition des derniers gadgets à la mode, par exemple, qui se révèlent souvent illusoires et de courte durée.

Quant à la sédentarisation, je considère qu'elle est mauvaise pour l'homme, mais qu'elle est inévitable pour certains. Il faut donc « faire avec », l'idée étant de compenser par tous les moyens.

Lorsque j'ai interrogé le Dr Jean-Yves Maigne, successeur de son père, chef de service à l'Hôtel-Dieu, il a eu la gentillesse de répondre à mes questions. En effet, je me demandais bien pourquoi, en cas de mal de dos, il valait mieux bouger que rester couché. N'oublions pas tout de même qu'un temps de repos peut se révéler nécessaire en cas d'inflammation grave.

Eh bien, la colonne vertébrale doit bouger parce que ses disques sont constitués de fibres et d'eau, et fonctionnent exactement comme des boules antistress. Imaginez donc que vous pressiez une de ces boules antistress : elle finirait par se scléroser, se « dessécher ». C'est ce qui arrive si l'on ne bouge pas. Alors que si l'on bouge, au contraire, nos boules antistress (nos disques) sont sans arrêt malaxées dans un mouvement de dilatation/compression qui permet de maintenir l'élasticité de l'ensemble. Je trouve cette image très parlante.

Le pire, c'est la position assise. Non seulement nous ne bougeons pas, mais en plus nous mettons notre corps en position de « casse-noisettes » : au lieu d'avoir les disques alignés comme lorsque nous sommes debout, nous écrasons le bord avant des disques pour maintenir notre position assise.

De plus, les postes de travail habituels dans les entreprises sont en général mal étudiés. On a dit en effet que l'angle d'assise le « moins pire » se situe entre cent dix et cent vingt degrés, ce qui n'est pas le cas dans nos bureaux. En fait, les seuls à avoir effectué suffisamment de tests et qui pourraient prétendre ne pas nous massacrer le dos sont... les équipementiers automobiles !

Vous me direz que cela dépend des voitures, mais n'avez-vous jamais remarqué à quel point rester assis en voiture était bien plus agréable que se poser sur une chaise ? D'une manière générale, il vaudrait mieux que les fabricants de matériel de bureau s'inspirent un peu plus du monde des bolides, pour le plus grand bien de millions d'individus...

En attendant ce jour, je vous conseille, suivant en cela le Dr Jean-Yves Maigne, d'alterner le plus grand nombre possible de positions quand vous êtes au travail : vous pouvez, pendant un temps, utiliser une chaise à genou (à condition de ne pas avoir mal aux genoux, bien sûr), travailler debout, vous lever souvent pour vous étirer, ou pour aller chercher un verre d'eau, bref, aérer vos disques comme vous aéreriez votre bureau ou votre chambre. Je sais que Victor Hugo écrivait debout, et, plus près de nous, le romancier américain Philip Roth. Vous ne seriez donc pas en si mauvaise compagnie !

Enfin, ce qui permet au mal de dos de nous laisser tranquille n'est autre qu'une certaine hygiène de vie, que nous serions bien inspirés de pratiquer sans modération. Au programme : consolidation des abdominaux et des muscles du dos, autrement dit, dix minutes de gymnastique par jour pour ceux qui sont atteints de maux récurrents. Encore faut-il faire très attention aux mouvements que l'on exécute et s'entourer de spécialistes.

Le meilleur des sports : la marche rapide. Le plus relaxant : la natation, en excluant la brasse, mauvaise pour les lombaires parce qu'elle accentue la cambrure (le crawl est préférable, la nage sur le dos encore meilleure). Les sports les plus dangereux sont, par ordre croissant : le tennis, parce que le mouvement du bras déporte le reste du corps. La moto de mer, le quad, et surtout le karting : mal de dos assuré le lendemain… et parfois lésions.

Les autres sports tels que le ski, le golf ou le football, sont affaire de mesure, comme tout. L'escalade, parce qu'elle permet des étirements, est plutôt conseillée, mais pas à ceux qui ont le vertige ! Bref, faire travailler l'ensemble du corps sans trop forcer, telle semble être la clé pour ne pas se faire mal au dos à cause d'un mouvement brusque.

Il en va de même à la maison : évitez de porter des choses trop lourdes. Utiliser une poussette à provisions, ou bien des plaques en Téflon que l'on glisse sous les pieds des meubles à transporter, me semble une bonne idée. Je tiens aussi la valise à roulettes pour une grande invention ! Et si l'on porte quelque chose, il vaut mieux plier ses jambes afin de prendre appui sur les fessiers plutôt que sur le dos. Et toujours ramener à soi les objets lourds, en les plaçant le plus près possible de notre centre de gravité.

Enfin, le Dr Jean-Yves Maigne, à qui je posais la question de l'évolution de l'homme, m'a rappelé que, l'espèce humaine étant en train de grandir, les maux de dos auraient plutôt tendance à s'accentuer à l'avenir. Ce n'est pas une bonne nouvelle, mais elle est logique : la différence entre une personne qui mesure un mètre soixante et une autre qui atteint le mètre quatre-vingts, ce n'est pas la taille de leurs vertèbres (elles sont identiques), mais celle de l'épaisseur de leurs disques. Or, ce sont toujours les disques qui nous posent des problèmes réels, les vertèbres, elles, ne se bloquant qu'occasionnellement et mécaniquement.

La preuve, cette histoire vécue.

Mon expérience personnelle

J'avais quarante ans environ, et je me rendais en Belgique pour un gala. Alors que l'avion atterrissait, je fus pris d'une douleur terrifiante dans les côtes, du côté gauche. Immédiatement, je pense à la crise cardiaque, ce qui double mon angoisse. On me débarque, on m'appelle un taxi, j'en sors péniblement pour monter dans ma chambre d'hôtel où la direction m'a envoyé un médecin.

Après auscultation, celui-ci déclare que j'ai une vertèbre bloquée, et me donne la marche à suivre.

– Malheureusement, je ne vais pas pouvoir appliquer vos conseils, je suis en concert ce soir !

Il me fait une piqûre pour me soulager. J'assure tant bien que mal le concert. L'étape suivante de ma tournée, c'est Royan, en Charente-Maritime, où je suis bien content d'arriver : je passe la nuit chez un cousin de ma femme, généraliste reconnu, le Dr Bétous. C'est un type que j'aime bien, et dont j'admire le pragmatisme. En plus, il se trouve que ce cousin est lui aussi fanatique de chevaux, président du club hippique de sa ville, et qu'il est amené à soigner ces animaux de temps à autre.

En me voyant dans cet état, il ne fait ni une ni deux : il me saisit à bras le corps, me serre dans ses bras d'une manière particulière et à laquelle je ne m'attendais pas, comme si j'étais pris dans un étau. J'entends un craquement, et me voilà sur pied !

Le lendemain, il m'explique avec sérieux qu'il lui arrive de mettre des bracelets de cuivre autour des jarrets des chevaux quand ils ont des problèmes articulaires. Je le regarde, un peu étonné. Il confirme :

– Ça marche, tu sais, et si tu veux, tu peux toujours essayer toi aussi, ça ne coûte rien et tu verras bien !

Il me tend un bracelet, que je mets à mon poignet. Un peu avant mon départ, il n'oublie pas de me montrer comment m'enrouler sur moi-même dès que je sentirai des signes de sciatique.

Muni de ses précieux conseils et de mon bijou magique, je n'ai plus jamais eu mal au dos… de ma vie !

Cependant, comme tout le monde n'a pas la chance de posséder une colonne vertébrale aussi accommodante que la mienne, je voudrais signaler ici un traitement original, peu coûteux et en accord avec la nature.

Les bains hyperthermiques du Dr Salmanoff

Je vous ai parlé des bains d'avant-bras que je pratique lorsque j'ai des maux ORL. Selon le même principe développé par le Dr Salmanoff et sa théorie des capillaires, il existe une technique particulière de bains permettant de diminuer les douleurs et de guérir les maux de dos sans gravité excessive (ainsi que toutes sortes de petits problèmes de santé). Bien entendu, je ne parle pas ici de lésions irréversibles ou de maladies graves, mais, comme tout au long de cet ouvrage, de maux occasionnels.

Pour pratiquer cette méthode, il faut posséder en tout et pour tout une baignoire, un thermomètre de bain et un de ces minuteurs dont on se sert en cuisine.

Comment ça marche ?

Tous les deux jours, on fera couler de l'eau à trente-sept degrés, on entrera dans le bain et, au bout de cinq minutes, on accroîtra progressivement la température à trente-neuf degrés. On restera une quinzaine de minutes à cette température avant de sortir. Au bout du quatrième bain, on remontera la température jusqu'à quarante degrés à la douzième minute. Au sixième bain, on la portera à quarante et un degrés, et à partir du douzième bain, à quarante-deux degrés. Mais attention, il ne faut pas rester plus de quatre minutes à ces températures supérieures à quarante degrés, et le temps total des bains ne doit pas excéder trente minutes.

Pourquoi ça marche ?

Quand nous sommes malades, nos moyens de défense naturels sont la fièvre et la sueur. « Par la fièvre, les métabolites excessifs sont brûlés ; par la sueur, ils sont éliminés [1]. » En une heure de bain, il paraît que l'on élimine plus de substances acides que les reins en vingt-quatre heures. En tout cas, l'hyperthermie provoque la fièvre salutaire et stérilisante en permettant la combustion interne des toxines, libérant ainsi les articulations et les autres zones intoxiquées quelles qu'elles soient. Les capillaires s'ouvrent

---

1. *Secrets et sagesse du corps*, page 271.

et le sang est plus oxygéné. On agit sur les états congestifs par des moyens naturels, et le soulagement ne se fait pas attendre. Le Dr Roland Sananès en parle dans son ouvrage sur l'arthrose [1].

Pour quelles indications pratiquer ces bains ?

Ils sont excellents pour les maux de dos : sciatiques, lombalgies… mais aussi pour beaucoup de petites infections, les rhumes, les angines, les otites, les infections gynécologiques, etc. En revanche, ils sont à proscrire si l'on a de l'hypertension, des problèmes vasculaires importants, des phlébites, des problèmes de cœur, ou une cirrhose hépatique.

Quelques « plus »

Les bains avec infusion de foin calment les émotions et régulent les insomnies.

Les bains de feuilles de noyer adoucissent l'eczéma humide, le prurit et l'urticaire.

Les bains de pieds aident à faire passer les vertiges et les migraines chroniques.

Les miracles de l'eau

Ces bains sont une forme d'hydrothérapie à laquelle je crois beaucoup pour nous maintenir en forme. N'oublions pas la parenté intime entre l'eau et l'organisme humain.

---

1. *Guide de l'arthrose par homéopathie et médecines alternatives*, Testez Éditions, 2006.

Au cours de notre évolution, nous sommes en effet sortis de l'eau et nous en gardons les traces. Agent de protection des organes, de souplesse et d'élasticité des tissus, véhicule des apports nourriciers et d'élimination, indispensable à la vie, l'eau présente une importance physiologique primordiale. Elle constitue chez les adultes les deux tiers du poids du corps, avec des proportions différentes selon les tissus. C'est grâce à elle que nous faisons notre toilette quotidienne et que nos cellules, elles aussi, sont continuellement lavées.

La France est un des pays les plus riches en villes thermales et en centres de thalassothérapie. Plusieurs chaires d'hydrologie existent pour l'organisation scientifique du thermalisme et le bienfait des cures a été mis en évidence, tant sur la santé des malades que sur les budgets de l'État… Malheureusement, l'hydrothérapie dans les lieux spécialisés est souvent trop courte et périodique pour entraîner des résultats durables. Il est par conséquent tout à fait intéressant de pouvoir se livrer chez soi à ce type de bains susceptibles, à la longue, d'influer favorablement sur les états maladifs.

Une de mes connaissances, se prenant au jeu des bains du Dr Salmanoff, a ainsi réduit ses crises de sciatique, dans leur durée, leur fréquence et leur intensité.

J'ai moi-même découvert récemment la thalassothérapie. Jusque-là, je n'aimais pas l'eau pour les raisons dont je vous ai parlé. Mais en pénétrant dans une piscine thermale délicieusement chauffée, j'ai réalisé que ce n'était pas une question d'eau, seulement de frilosité ! Une fois dorloté par des courants chauds et des jets massant, j'ai compris que dans le passé j'avais mésestimé l'eau et sa douceur.

Depuis, j'ai entendu les histoires d'amis qui partaient « en cure » tous les ans pendant trois semaines, et en revenaient en pleine forme. Mais il ne faut pas confondre, justement, thalasso et thermalisme. L'une est plus axée « bien-être » et l'autre est plus médicalisé. Dans la pratique ils se rejoignent, mais la Sécurité sociale ne rembourse pas les thalassos, alors que les cures thermales le sont en partie. C'est le médecin qui prescrit ces cures et qui vous aide à choisir celle qui correspond le mieux à votre mal.

Tous les établissements proposent deux sortes de soins : l'hydrothérapie externe ou générale (bains et douches), l'hydrothérapie interne ou locale (aérosols, inhalations, gargarismes, nébulisations). Plus la cure de boisson (ingestion d'eau minérale) dans les stations thermales. Suivant les douleurs et les patients, l'accent sera mis sur l'une ou l'autre de ces techniques.

En ce qui concerne le mal de dos, les techniques de bain calment la douleur et décontractent. Les applications de boues, locales ou générales, soulagent les articulations ; elles relaxent et décontractent au niveau musculaire. Enfin, les techniques de kinésithérapie (piscine de mobilisation, massages sous l'eau et à sec) assouplissent et rendent plus flexible.

Une de mes amies, qui souffrait de douleurs lombaires chroniques, m'a raconté qu'elle était presque guérie neuf mois après sa cure. Et je suis sûr que chacun d'entre vous a autour de lui des exemples de « miracles » de l'eau. Il est évident que ce genre de soin est bien plus sain que de se bourrer d'anti-inflammatoires qui, la plupart du temps, peinent à être vraiment efficaces.

Mais il n'y en a pas que pour le dos ! Le thermalisme peut aider sur la voie de la guérison de nombreuses affections : des voies respiratoires, de la peau, des veines, de l'appareil digestif, du cœur, des parties gynécologiques et urinaires, etc. Les maladies psychosomatiques, dans la mesure où l'eau calme et aide à se relaxer, peuvent également très largement tirer bénéfice des cures.

Véritable « polythérapie » où l'eau, les techniques thermales, l'environnement et les soins dispensés par tous les personnels de santé de la station participent à la remise en forme, le thermalisme du XXIᵉ siècle véhicule une philosophie du bien-être qui attire beaucoup de monde aujourd'hui. Car on assiste à un renouveau de cette sorte de soins qui correspond exactement à ce que les gens malades et stressés recherchent : de la convivialité, de la détente, de l'harmonie, un ressourcement, le tout dans un cadre agréable et souvent verdoyant. Que demander de plus ?

En 2001, les curistes étaient 545 274 à fréquenter les cent deux stations thermales françaises. Le public était majoritairement féminin (64 % de la clientèle) et dépassait les soixante printemps dans la moitié des cas [1]. En outre, on peut imaginer que les cures thermales se développent et profitent à de plus en plus de gens.

Jacques Oudot, médecin conseil à Allevard, en Isère, était interrogé par un journaliste à qui il confiait les grandes lignes de ce que pourrait être le thermalisme de demain. « Il y a de grandes perspectives d'extension du thermalisme à d'autres activités et populations : éducation sanitaire, lutte contre les addictions, préparation des sportifs », a-t-il déclaré. Il est vrai qu'il existe encore beaucoup de possibilités. Les développer permettrait de tirer parti au

---

1. Article de Mathieu Ozanam pour Doctissimo.fr (source : Medec 2003).

maximum de cet univers zen, doux comme un cocon, où l'eau nous apporte ses bienfaits. « Il existe des "écoles du dos" ; je mets mes espoirs dans la création d'"écoles de la voix", avec l'intervention d'orthophonistes, et d'"écoles du goût" pour envisager la nutrition autrement que par les calories », précise Jacques Oudot.

Je suis partant pour l'aventure !

Il reste que les douleurs du dos ont souvent aussi une composante psychologique (toujours ce duo inséparable corps/esprit !). La nervosité, le manque de sommeil, la colère et le stress augmentent les sensations pénibles, voire les provoquent, souvent dans des proportions très importantes. Tant il est vrai que l'hygiène de vie trouve sa plus belle justification dans la douceur avec soi-même et avec les autres.

Quelques suggestions

— Et si vous muscliez votre ceinture abdominale pour contrer le mal de dos ? Je vous conseille d'aller voir un kinésithérapeute classique (quelqu'un qui pratique la gym à l'ancienne, et pas un ostéopathe, ces deux « courants » étant chacun intéressants pour des utilisations différentes). Il se fera un plaisir de vous montrer, en quelques séances, comment « rééduquer » votre dos sans lui faire de mal. Je parle au nom de toutes celles et tous ceux qui ont fréquenté des salles et des cours et en sont ressortis avec des sciatiques... Pour les femmes en particulier, il est très important de muscler cette partie. Je précise que dix à quinze minutes par jour suffisent amplement. Et si ces exercices peuvent vous éviter des maux et parfois même des opérations, cela en vaut *vraiment* la peine !

145

– Petit point sur l'ostéopathie : c'est une technique de manipulations manuelles qui aide à soigner les maux de la colonne vertébrale ou des membres. Au début du siècle, aux États-Unis, le Dr Steel en a posé les fondements. Il existe des ostéopathes médecins, mais aussi des non-médecins, qui ont très souvent fait de quatre à six ans d'études. Car il ne s'agit pas seulement de manipulations, il y a aussi un travail viscéral et crânien, destiné à rééquilibrer l'ensemble du corps. L'important, dans votre choix du thérapeute, est à mon sens de vous assurer du diagnostic auprès d'un médecin, qui fera procéder aux examens indispensables (on ne manipule pas n'importe quoi n'importe comment) et ensuite, de vous adresser à quelqu'un de sûr, quelques stages de formation n'étant pas suffisants pour pratiquer cet art en toute sécurité.

– Pour suivre une cure de thalassothérapie, il existe de nombreux hôtels à l'étranger qui offrent des forfaits pour les soins et sont souvent moins chers qu'en France (en Tunisie et au Maroc, par exemple), mais il faut alors savoir que les prestations, moins médicalisées, réjouissent plus celles et ceux qui sont à la recherche de bien-être et de détente que les gens qui sont malades et attendent une vraie cure.

– XI –

TROUVER SON ÉNERGIE

De l'énergie, j'en ai toujours eu. La curiosité, le plaisir de vivre et d'aller de l'avant m'ont souvent habité, mon « moteur » a bien fonctionné dans l'ensemble. Cependant, je suis comme tout le monde : certaines situations me privent de ma vitalité.

Je ne vais pas parler ici de la fatigue qui s'empare de tout un chacun après une séance de sport, un moment de tension ou un effort soutenu. Cette fatigue est en général bien réparée par une bonne nuit de sommeil, voire une petite sieste.

J'ai plutôt envie d'explorer toutes les facettes de cet intolérable « vol » qu'est la perte de l'énergie. Avez-vous remarqué à quel point un mot méchant prononcé par l'être qu'on aime nous « vide » en un clin d'œil ? Et que dire de ces personnes qui vous abrutissent pendant des heures avec leurs problèmes et nous dépouillent de notre joie de vivre ? Quelle fatigue lorsque nous raccrochons le téléphone ou que nous les quittons ! Mais que s'est-il passé ? On dirait que ces personnes se sont servies de nous pour se recharger.

Quel drôle de phénomène. Je ne me l'explique pas vraiment, et pourtant il existe, c'est sûr.

La dépression, qu'elle soit provoquée par un événement négatif – la perte d'un être aimé, le surmenage, un divorce – ou qu'elle soit la conséquence de difficultés non résolues, nous prive également de notre énergie.

J'ai connu une femme qui, à la suite de problèmes familiaux, faisait une dépression larvée. Chaque fois qu'elle prenait un livre pour apprendre ses cours – à l'époque, elle était étudiante –, elle se retrouvait systématiquement et mystérieusement en train de dormir sur le tapis de sa chambre. Elle n'avait aucun souvenir de la manière dont elle était arrivée là. Sa « maladie » consistait à éprouver tout à coup une telle fatigue qu'elle en perdait tous ses moyens, y compris la mémoire.

Mon but n'est pas de traiter ici de ce genre de problèmes qui relèvent de professionnels. Mais je pense que les signes de la dépression ne doivent pas être ignorés, comme dans le cas de la femme citée plus haut. En effet, cette personne a attendu des années avant de se faire soigner efficacement, et sa vie aurait sans aucun doute été plus harmonieuse si elle avait su dépister et interpréter les messages d'alerte que son corps lui envoyait.

C'est pourquoi je vous mets en garde contre de tels signes, et vous propose de remplir le questionnaire que vous trouverez à la fin de ce chapitre. Il ne faudrait pas confondre de banales pertes d'énergie avec des symptômes plus alarmants, qui nécessiteraient probablement un travail plus lourd.

Les simples problèmes d'énergie sont légion, et ils se traitent de toutes sortes de façons. Nous avons parlé de la voix et de bien d'autres approches dans cet ouvrage, pouvant être utilisées pour redonner un petit coup de *peps*. Mais il est une démarche que je n'ai pas encore exposée, c'est tout ce qui touche à notre vision intérieure.

La visualisation

J'ai découvert le pouvoir de la visualisation très jeune, comme vous. Vous pensez que c'est une plaisanterie ? Écoutez plutôt !

Petit, j'adorais lire des bandes dessinées : pour le dyslexi-que que j'étais, elles étaient bien plus amusantes que les livres « sérieux »... Jusqu'à ce que mon frère Francesco me fasse découvrir l'univers de Rudyard Kipling avec *Le Livre de la jungle*, et celui de Grey Owl, un personnage incroya-ble, un Indien du Canada, trappeur doué pour l'écriture. Je me suis mis à dévorer ses livres d'aventures.

Dans *Récits de la cabane abandonnée*[1], je me souviens encore d'une nouvelle intitulée *L'arbre*. Un récit vu à tra-vers les « yeux » d'un pin, qui s'échelonne sur six cent cin-quante ans. À ses débuts simple graine enterrée et oubliée par un écureuil, le pin devient, au fur et à mesure de son existence, le témoin privilégié de la vie sauvage autour de lui : les bêtes diverses, les insectes, le grizzly, l'aigle... les hommes qui l'approchent, tel ce brave d'une tribu indienne, qui fait de lui son « guide spirituel ». Plus tard, le pin éprouve de la tristesse à voir mourir ceux qu'il aime, d'autant plus que l'homme blanc arrive et entreprend de tailler la nature à sa mesure et à ses besoins. Finalement, il

---

1. *Tales of an empty cabin*, 1936.

149

périra, victime du tracé d'une autoroute. Mais une de ses graines sera emportée par un écureuil qui l'enterrera et l'oubliera… jusqu'à la prochaine renaissance.

Et maintenant, cher lecteur, je vous demande de ne pas voir l'arbre de cette histoire. Essayez ! Vous n'y arrivez pas ? C'est normal, notre inconscient ne comprend pas la négation !

Vous avez été porté par les mots des paragraphes précédents, et vous vous êtes imaginé le pin. L'avez-vous vu grand ? Petit ? Droit ? Courbé ? Était-ce l'hiver ou l'été ? Dans quel environnement se trouvait-il ? Comme je ne vous ai donné aucune de ces indications à travers mon récit, je suppose que chacun d'entre vous a imaginé son arbre. Et voici comment, depuis que nous savons lire, nous savons aussi visualiser…

De cette extraordinaire capacité, partagée par l'humanité entière et qui donna naissance à la plupart des arts, nous n'utilisons qu'une petite partie. Celle qui nous transporte, qui nous distrait, qui nous fait réfléchir aussi. Nous laissons de côté celle qui pourtant, si nous la travaillons consciemment, peut nous aider à nous ressourcer.

Celle-là, il faut la pratiquer pour se rendre compte de son pouvoir…

Sur quoi se fonde la visualisation ?

Sur une particularité de notre cerveau que j'ai découverte récemment, et qui m'a beaucoup intrigué : notre circuit mental *croit* aux images qu'on lui présente ! Autrement dit, les mots ne sont pas que des mots pour nos cellules grises. Ils commandent des parties de notre cerveau dédiées à ce qui est évoqué par ces mots.

Un exemple : imaginez que vous avez dans votre main un citron. Il sent bon. Sa couleur jaune vous plaît. Vous prenez un couteau et le coupez en deux. Immédiatement, son odeur caractéristique se répand, et vous décidez de le goûter. Vous le mordez à belles dents et sentez le jus couler sur votre menton. Vous recommencez à le croquer et vous vous arrêtez.

Explication : si vous avez déjà goûté un citron et que vous n'avez pas été interrompu dans la lecture de ce qui précède, alors vous avez dû sentir comme un début de salivation, activité physiologique résultant de l'acidité du citron. Et pourtant, vous n'avez fait qu'imaginer...

Deuxième exemple : imaginez que vous êtes en train d'apprendre à skier. Toute la journée, vous descendez de nombreuses pistes, en faisant bien attention à ce que dit votre moniteur. Le soir venu, vous vous mettez dans un état de relaxation : vous vous asseyez confortablement et vous pensez très fort à vos mouvements de skis en les visualisant parfaitement. Immédiatement, les zones de votre cerveau concernées par ces mêmes mouvements vont se mettre en marche, et vous allez optimiser votre apprentissage. À l'heure actuelle, on retrouve cette approche dans les sports de haut niveau. Jean-Claude Killy, par exemple, la pratiquait. Ainsi que les champions de saut en hauteur de l'équipe de France.

Troisième exemple : vous vous imaginez dans une belle forêt. Vous marchez doucement et arrivez en vue d'une clairière très bien entretenue. Vous entendez le bruit d'un vent léger, qui effleure vos cheveux. Vous sentez et appréciez sa brise sur votre cou. Comme vous êtes pieds nus et qu'il fait très bon, vous sentez l'herbe douce qui ressemble à un tapis moelleux et vous avancez vers le milieu de la clairière où se tient un arbre splendide. Vous étendez votre bras jusqu'à toucher son écorce et ressentir ses douces sinuosités. Vous caressez l'arbre et cela vous fait beaucoup de bien. Puis vous vous appuyez contre l'arbre et vous respirez profondément. Autour de vous, tout est calme et vous vous laissez gagner par la douceur de cet instant...

Dans cette dernière scène, vous êtes tout simplement en train de vous ressourcer beaucoup plus puissamment que vous ne le pensez. Car la visualisation est à la frontière de l'autohypnose. On l'utilise pour vaincre la douleur aussi bien que pour retrouver son harmonie. Même lorsqu'elle n'est qu'un complément à des traitements médicaux, elle permet à ceux-ci de mieux fonctionner pour les patients. Elle peut aider à réduire le stress et les insomnies, améliorer les fonctions motrices (comme on l'a vu pour les sportifs), et a bien d'autres effets dont beaucoup ont été prouvés par des études scientifiques menées dans les règles de l'art.

La fille d'un de mes amis m'a ainsi parlé un jour de son accouchement. Elle ne voulait pas de péridurale et avait suivi des cours de visualisation avec un sophrologue [1]. Pendant le travail, il est arrivé un moment où elle a « décroché ». Elle est « entrée dans son corps », selon sa propre expression, et elle a eu l'impression de se voir de l'intérieur, et d'aider son bébé à naître. Eh bien, elle n'a pas eu mal, ou si peu qu'elle n'en garde aucun souvenir douloureux, juste une sensation de victoire extraordinaire...

---

1. La sophrologie est une pratique créée en 1960 par A. Caycedo. Elle est destinée à assurer un équilibre harmonieux de la personnalité et à réduire les sensations douloureuses. Elle utilise, entre autres, la visualisation.

Prenons ce que nous avons vu dans le chapitre sur la respiration : si vous visualisez le trajet de l'air dans votre corps et que vous imaginez l'oxygène en train de descendre le long de vos jambes pour rejoindre la terre au fur et à mesure que vous expirez, puis remonter le long de vos jambes et de votre bassin jusqu'à vos poumons quand vous inspirez, alors vous allez éprouver une sensation d'enracinement bien plus profonde que si vous vous contentez d'expirer sans visualiser, même avec le corps très bien placé sur des jambes écartées...

La visualisation constitue donc un moyen efficace, naturel et peu coûteux de se ressourcer et de diminuer certaines souffrances. Il existe beaucoup de moyens de la pratiquer : on peut trouver des scénarios tout faits dans certains livres, en inventer soi-même, acheter des CD consacrés à un problème spécifique (par exemple, les difficultés d'endormissement), ou encore prendre rendez-vous chez un sophrologue.

De plus, la visualisation peut se pratiquer n'importe où. À la maison bien sûr, mais aussi dans le métro, dans sa voiture à l'arrêt, lors des pauses au bureau, dans la rue et... dans la nature.

Ce dernier point est très important, car la nature est, à mon avis, ce qui ressource le mieux. Ne serait-ce que parce que nous changeons d'air, de lieu, et que nous nous rapprochons de la Terre.

Personnellement, je ne vis que dans ce style d'environnement, puisque j'habite en région parisienne dans la verdure et prends mes vacances en Ardèche. Je ne conçois plus de vivre en ville, maintenant. Mais il se peut que vous aimiez cela, ou que vous ne puissiez faire autrement, alors prenez le temps de profiter des espaces verts ou de rejoindre la campagne autant que possible…

En ville même, vous pouvez profitez des bienfaits de la nature. Par exemple, vous marchez dans la rue, sur le bitume. Près de vous, quelques arbres ont été plantés et, autour d'eux, il y a de la terre. Prenez juste quelques minutes pour vous arrêter sur le trottoir et respirer un bon coup en faisant bien attention à vos sensations au niveau des pieds et des jambes. Puis mettez-vous sur la surface près des arbres et faites exactement la même chose. Essayez, la différence est incroyable ! Et voilà qui peut vous donner l'envie de vraies promenades…

Justement, encore une expérience à faire.

Lors de votre prochaine balade à la campagne, arrêtez-vous près d'un arbre, comme je le suggérais un peu plus haut. Sauf que, cette fois-ci, vous êtes *véritablement* dans la nature. Adossez-vous à cet arbre, et fermez les yeux. Prenez le temps de savourer la sensation de votre dos sur l'écorce. Essayez de ressentir l'énergie de l'arbre. Est-elle calme ou tonique ? Douce ou rustique ? Tentez de lui donner un qualificatif. Ensuite, pensez très fort que vous allez devenir l'ami de cet arbre. Maintenant, imaginez que vous rentrez à l'intérieur. Par la pensée, vous allez voyager dans les racines, descendre toujours plus profond chercher votre nourriture, vous laisser aller à *devenir* cet arbre. Si vous continuez votre périple en remontant dans le tronc, vous pouvez avancer par la pensée dans les branches et ressentir le plaisir du vent, les attaches des feuilles et les oiseaux qui viennent se poser. Vous pouvez aussi expérimenter la force de l'arbre, sa longévité, sa puissance bienveillante.

En même temps que vous vous projetez dans ce végétal, profitez-en pour pratiquer l'une des respirations dont je vous ai parlé, en utilisant le ventre et en posant vos pieds bien à plat sur le sol, pour éprouver encore plus la sensation d'enracinement.

En une dizaine de minutes, vous vous serez ressourcé jusqu'au plus profond de vous-même, et vous repartirez chargé en bonnes énergies : celles de la Terre, et celles de votre esprit fortifié.

Se débarrasser d'une pensée négative

Parmi les dévoreurs d'énergie, je ne connais rien de pire que les regrets et les remords qui s'emparent de nous lorsque nous avons le sentiment que nous n'avons pas agi comme nous l'aurions dû. C'est une situation très fréquente et qui peut vraiment nous empoisonner la tête. En réalité, ce genre de pensée *après coup* provient souvent d'une situation où nous nous sommes sentis agressés et où nous sommes persuadés, à tort ou à raison, que notre réponse n'a pas été adaptée.

Par exemple, une femme a vécu deux divorces successifs ; elle avait eu un enfant de chacun de ses maris. Il se trouve qu'aucun des pères n'a voulu assumer financièrement son rejeton, et cette jeune personne s'est retrouvée dans une situation difficile. Elle passait son temps à attendre que ses ex-époux lui versent de quoi vivre et elle s'épuisait en batailles juridiques qui n'aboutissaient pas. Chaque fois qu'elle avait affaire à l'un ou à l'autre, elle ressortait de la discussion épuisée et culpabilisée : il était évident pour elle qu'une fois de plus elle s'était fait avoir, et n'avait pas su réagir au quart de tour...

Elle était souvent déprimée, malade de toutes sortes de maux sans gravité mais réels. Littéralement intoxiquée par ses pensées de vengeances possibles et de frustration, elle ressassait sans cesse sa condition de victime. Elle se sentait bloquée, et elle l'était.

Un jour, elle a pris conscience, avec l'aide de son psy, qu'elle n'arriverait à rien de cette manière : il n'y avait pas à attendre quoi que ce soit de ces personnages, l'un voyou, l'autre faible. Elle a décidé de mettre de la distance. De passer l'éponge. De tourner la page. De regarder devant et non derrière.

Et savez-vous comment elle y est arrivée ?

Elle s'est reprise en main corporellement, en pratiquant une hygiène de vie alimentaire et physique qui lui a permis de retrouver une image positive d'elle-même. Et elle a chassé ses « mauvaises » pensées en les envoyant... à la poubelle !

Sans attendre d'en arriver à ces extrémités, voici ce que je vous conseille, si vous vous sentez envahi par des pensées négatives :

– Faites-vous une représentation de votre sentiment, celle que vous jugez la plus proche symboliquement de ce que vous ressentez. Par exemple, si vous avez de la peine, vous pouvez imaginer un vase rempli de vos larmes. Vous devez le voir avec le plus de détails possible afin de lui donner une existence presque réelle (rappelez-vous que votre cerveau, si vous arrivez à bien visualiser, prend votre image pour argent comptant). Imaginez donc la taille du vase, sa couleur, son poids, sa texture, le bruit qu'il fait quand vous le posez sur la table, etc. Puis vous allez prendre le vase, le fermer avec un couvercle, et l'emporter avec vous vers la mer. Pendant que vous marcherez, vous lui expliquerez que vous devez vous séparer de lui pour les raisons que vous connaissez. Arrivé devant l'océan, vous creusez un trou très profond dans le sable et y enterrez le vase. Rappelez-vous, vous devez prendre le temps d'imaginer tous les détails. Enfin, vous rebouchez le trou et vous dites « je te laisse ici pour toujours ! » avec force. Vous refaites alors le chemin en sens inverse, et vous vous sentez libéré. Je sais, cela peut paraître fou, et pourtant, cela fonctionne étonnamment bien…

La pensée positive ou autosuggestion

Tout le monde l'a, une fois ou l'autre, pratiquée. Ne serait-ce que lorsqu'on se répète « Ça va aller ! » avant un examen ou un entretien particulièrement important. J'ai la chance de ne pas avoir le trac, donc je n'ai pas eu à l'utiliser dans ce contexte, mais je sais que cette méthode a été très efficace pour de nombreux amis.

Historiquement, c'est ce bon vieil Émile Coué de La Châtaigneraie (1857-1926) qui en a posé les principes. En France, dès que vous dites « c'est la méthode Coué », tout le monde pense immédiatement à un système un peu bébête qui consisterait à se répéter les mêmes phrases toute la journée. Une sorte de démarche coincée entre la superstition et la naïveté. Je ne sais qui est à l'origine de cette attitude ironique, mais elle ne m'étonne pas. Dans notre pays, cartésien avant tout, il est souvent difficile de faire entendre la voix de l'imagination. Or c'est bien du pouvoir de l'imagination qu'il s'agit.

Aux États-Unis, en Allemagne, en Russie, la méthode Coué et le principe d'autosuggestion se sont développés. Ils ont donné naissance à de nouvelles approches comme la pensée positive, la visualisation, la sophrologie, le training autogène de Schultz, et autres techniques. C'est tout le domaine des relations de personne à personne, le coaching et la psychologie qui sont touchés par ces développements... C'est dire tout le profit que l'on peut tirer de la méthode Coué !

Curieusement, un certain Blaise Pascal a écrit sur la puissance de l'imagination, et c'est de son discours que se servait Émile Coué pour convaincre ses pairs. Dans un texte sur le vertige et la volonté, Pascal dit en substance que chacun d'entre nous est capable de marcher sur une planche de dix mètres de long et de vingt-cinq centimètres de large si celle-ci est posée à dix centimètres du sol. Supposons maintenant que la même planche soit placée entre les deux tours d'une cathédrale : peu de personnes seront prêtes à s'élancer !

Malgré tous les efforts de volonté possibles, la chute est quasiment inévitable. Parce que, lorsque nous marchons à dix centimètres du sol, nous ne « visualisons » pas une chute (nous ne risquons rien), nous tenons notre équilibre. Alors que dans le second cas, notre imagination nous fait envisager la chute et... la provoque !

Le charpentier comme le couvreur imaginent, eux, qu'ils peuvent le faire...

Selon Émile Coué, les possibilités de l'autosuggestion sont sans limites. Notre subconscient étant à l'origine de nos états physiques et mentaux, c'est par notre imagination que nous pouvons communiquer avec lui.

L'insomniaque veut dormir comme l'alcoolique veut quitter son état, mais cette volonté ne suffit pas s'ils ne la mettent pas au service d'une action simple : imaginer qu'ils sont guéris, avec tous les détails dont leurs sens peuvent avoir besoin pour opérer une transformation dans leur comportement.

Les postulats de base de l'autosuggestion

– La première faculté de l'homme est l'imagination.

– Une pensée, bonne ou mauvaise, que nous avons en tête est pour nous la réalité, et a tendance à se réaliser effectivement, comme nous l'avons vu dans l'exemple de la planche et dans la visualisation.

– Quand il y a lutte entre l'imagination et la volonté, c'est toujours l'imagination qui l'emporte sans aucune exception.

– Lorsque la volonté et l'imagination sont en accord, elles font plus que s'ajouter, elles se multiplient.

– L'imagination peut être guidée.

Émile Coué formalise sa méthode en une phrase et engage ses patients à répéter vingt fois de suite trois fois par jour : « Tous les jours et à tous points de vue, je vais de mieux en mieux. »

Pour ma part, tous les matins, je respire l'air du jour et je dis « merci mon Dieu »…

On notera que se lancer un grand sourire dans son miroir au réveil, ou tout simplement se répéter qu'on se sent bien inaugure une bonne journée. Plus qu'une méthode, c'est une attitude : ceux qui pratiquent ce genre de technique n'ont tout simplement pas envie de se laisser aller au défaitisme et à l'enfer des images négatives. Ils en connaissent bien les effets sournois et dévastateurs. Nous avons cette liberté et cette capacité d'imaginer le possible et le positif, inutile de nous en priver !

La créativité

De l'imagination à la créativité, il n'y a qu'un pas, celui de notre capacité à rêver, visualiser, ressentir dans le but de fabriquer quelque chose : un écrit, une chanson, une peinture, une sculpture, un bricolage ingénieux, de la couture, de la cuisine… nos capacités dans ces domaines sont immenses et infinies.

Je voudrais que vous en soyez tous persuadés : quand vous vous montrez créatif, de quelque manière que ce soit, vous retrouvez de l'énergie en vous.

Pourquoi ?

Parce que vous entrez en contact avec une partie de vous-même très satisfaisante, très libre : celle de l'enfant que vous n'avez jamais cessé d'être, qu'on a souvent contraint, mais qui, lorsqu'il s'éveille, vous apporte une bouffée de ce plaisir que vous ressentiez alors. Et rien que cet appel d'air peut vous faire retrouver la forme.

J'en ai souvent la preuve parce que, comme vous le devinez, j'aime créer. Pour quelqu'un comme moi qui n'a jamais été scolaire, qui s'est toujours senti, disons, un peu « précaire », cela s'est révélé une excellente solution, qui m'a, de plus, assuré notoriété et sécurité financière. Alors

160

que tout ce que je cherchais, c'était d'exercer un métier qui me permettrait de faire vivre les miens tout en me sentant moi-même « pas trop mal ».

Toujours est-il qu'après avoir écrit, joué de la musique, composé, peint ou sculpté, je me sens régénéré. Est-ce étonnant, alors, que je sois souvent « en forme » ?

Je vous invite à faire de même. À explorer toutes vos possibilités créatives, de tous ordres, et Dieu sait qu'il en existe. Et à vous lancer. À vous faire confiance. À ressentir, à chaque fois, ce plaisir intense du petit enfant joyeux que vous étiez, et que vous ne cessez jamais d'être.

La convivialité

C'est le soir et votre journée de travail vous a épuisé. Vous n'avez qu'une envie, c'est de vous mettre sous la couette avec un plateau télé, ou, pourquoi pas, de regarder un bon match de foot. Seulement voilà, vous avez ce dîner chez vos amis Untel, et vous ne pouvez pas leur faire faux bond. Alors vous prenez votre courage à deux mains et une douche revigorante, vous mettez vos habits « du dimanche », attrapez la bouteille de vin que vous aviez prévue pour l'occasion et vous engouffrez dans votre voiture.

Une fois chez vos amis, vous vous apercevez qu'ils ont invité pour vous faire plaisir un couple de vieux copains que vous aviez perdu de vue. Et c'est le début d'une intense soirée : vous évoquez le passé, rigolez à ne plus pouvoir vous arrêter et oubliez complètement que, quelques heures plus tôt, vous auriez presque vendu père et mère pour rester tranquille chez vous…

Ce qui s'est passé ?

Vous vous êtes plongé dans un bain affectif. La chaleur, la bonne humeur, l'amitié vous ont régénéré bien plus sûrement que la douche de tout à l'heure !

Et quoi d'autre ?

Pour *trouver* encore de l'énergie, vous pouvez utiliser beaucoup des exercices des chapitres précédents, en particulier ce qui concerne la respiration, la voix et l'alimentation. N'oublions pas que c'est grâce à une nourriture saine et équilibrée que nous approvisionnons notre corps.

Mais que le principe de base, tout de même, c'est de se connaître et de s'aimer...

Un dernier « truc ». À vrai dire, c'est bien plus qu'une recette, puisque cette approche est utilisée par la planète entière : *laissez-vous absorber dans la tâche que vous êtes en train d'accomplir*. Effectivement, plus vous serez présent à ce que vous faites, plus vous aurez de plaisir et pourrez en tirer de la fierté et de l'énergie.

Quelques suggestions

– Prenez une feuille de papier et faites la liste de tous les messages négatifs que vous avez l'habitude de vous envoyer dans la journée. Notez également toutes les fois où vous prononcez les mots « jamais » et « toujours » en parlant de vous. Notez à quel point vous projetez cette image de vous-même. À la lumière de ce que vous avez lu sur le pouvoir de notre imagination sur notre cerveau, qu'en déduisez-vous ?

— Je vous invite à remplacer chaque phrase négative et chaque allégation définitive par son contraire exact. Dans le cas de « jamais » et de « toujours », vous pourrez dire avec profit : « parfois » ou « souvent ». Faites-en un réflexe. La méthode Coué agit dans les deux sens, ne l'oubliez pas ! Si vous l'utilisez pour chercher à vous persuader de choses négatives, vous finirez bien par les provoquer.

— Les causes de la dépression sont multiples. Mais on cite souvent, en dehors des problèmes d'enfance, les stress suivants : décès du conjoint, divorce, peine d'emprisonnement, décès d'un proche parent, maladie ou blessure personnelle, mariage, naissance ou adoption, licenciement. Tout ce qui chamboule nos habitudes peut agir comme catalyseur de la dépression. Et vous ? Qu'avez-vous vécu ces derniers mois ?

— Ressentez-vous de la difficulté à vous endormir ou à vous réveiller, ou au contraire des envies de dormir soudaines et irrépressibles ? Pleurez-vous pour un oui ou pour un non ? Avez-vous des douleurs difficilement explicables ? De grosses baisses d'énergie ? Des colères soudaines ? De la perte d'appétit, ou tout le temps faim ? Sortez-vous d'une grossesse ?

— Si vous retrouvez un ou plusieurs de ces symptômes dans votre comportement actuel, il serait bon de vous interroger et peut-être de consulter un spécialiste.

Deuxième partie

LE MORAL

– XII –

SE CONNAÎTRE AUTREMENT

« Je crois avoir trouvé le lien manquant
entre le chimpanzé et l'homme civilisé.
C'est nous. »

Konrad LORENZ

Nous avons parlé de la nécessité de se connaître pour rester en bonne santé physique. Pour le moral, c'est pareil. Il existe, bien entendu, plusieurs voies, dont celles, royales, de la philosophie et de la psychologie. Mais il y a aussi les mille et un chemins que nous avons examinés au cours des précédents chapitres, tels que la respiration, le chant, la visualisation, le yoga, témoignages de notre aller-retour perpétuel entre le corps et l'esprit. D'ailleurs, soigner l'esprit par le corps et le corps par l'esprit, tel est le postulat de bien des médecines holistiques, qui s'adressent à l'homme dans son ensemble, souvent avec succès.

Et puis il y a l'éthologie. Une voie de traverse, différente, celle que j'utilise naturellement depuis presque cinquante ans. Je vous en ai déjà touché deux mots. Assez pour vous

167

donner envie d'y goûter, mais certainement pas assez pour la comprendre vraiment. Petit rappel : l'éthologie se propose d'observer l'animal dans son milieu et d'en expliquer le comportement en relation avec l'environnement.

Rencontre avec l'éthologie

Je m'intéresse depuis longtemps aux sciences même si, tout jeune, j'étais très mauvais dans ces matières. Mon frère Jean-Paul, à l'inverse, était un crack en mathématiques. Il a consacré sa vie à la recherche fondamentale et, maintenant, il écrit sur l'histoire des sciences. Est-ce de lui que je tiens mon intérêt pour le doute scientifique, les questions, les expérimentations et la prudence des hypothèses ?

Toujours est-il que je me souviens d'une émission de radio où, en présence de plusieurs spécialistes, on posait aux auditeurs la question suivante : « Quel est le propre de l'homme ? »

Certains, comme le philosophe Henri Bergson, répondaient que c'était le rire, d'autres parlaient du mensonge. On finit par se mettre d'accord sur la cruauté inutile. Ce qui différencierait l'homme des animaux, ce serait ce besoin inconscient qu'il a de détruire et de saccager sans but. Car les animaux, eux, ne font preuve d'agressivité que dans des situations bien codifiées. Et encore, si, par exemple, ils se battent pour une femelle, ce n'est jamais à mort.

Pour ma part, j'ai toujours pensé qu'il y avait de l'animal dans l'homme, et que nous pouvions tirer un très grand profit de l'étude des animaux pour enrichir notre observation de nous-mêmes.

Ce point de vue m'est venu d'un coup de cœur que j'ai eu vers mes trente ans : l'éthologie. Comme je suis depuis toujours un autodidacte, c'est en tombant sur un livre de Konrad Lorenz [1] que j'ai eu un vrai choc, à vrai dire presque plus émotionnel que culturel.

Je venais de perdre trois proches : mon frère, mon ami Nono et mon cousin. Je n'avais pas encore rencontré, pour ma voix elle aussi perdue, la salvatrice Mme Sandra, et mon être tout entier tentait de recouvrer son équilibre avec peine. Beaucoup de peine...

Alors je me suis plongé dans cette pensée, cet univers proche de mes valeurs profondes, celles de la nature. Je les ai retrouvées dans les livres de l'éthologue, théorisées, ou plutôt expliquées, mises en ordre, et faisant enfin sens pour moi.

À partir du moment où j'ai rencontré ce grand escogriffe de Lorenz, un Autrichien sympathique qui ne se baladait jamais sans une nichée d'oiseaux et d'oies à sa suite, j'ai commencé à ordonner mon monde intérieur de manière beaucoup plus satisfaisante.

En lisant ce fondateur de l'éthologie, prix Nobel de médecine en 1973, j'ai eu l'impression de rejoindre une grande famille, celle des hommes, une espèce en pleine évolution qui possédait des lois issues d'un passé lointain, mais encore très présent en nous. Je tiens à préciser que, pour moi, retrouver le passé ne signifie pas du tout revenir en arrière, mais au contraire disposer du moyen de connaître le présent, de se l'approprier et de lui donner un sens.

---

1. Konrad Lorenz, *L'Agression : une histoire naturelle du mal*, Éditions Flammarion, 1969-1993.

D'où mon attachement à la tradition, comme base de réflexion, port d'attache, et non comme fin en soi.

Puisque l'éthologie observe en premier lieu le comportement animal, doit-on en déduire que tout ce que les animaux font est aussi valable pour nous ? Je ne pense pas qu'il faille aller jusque-là, car ce serait courir le risque d'être simpliste. Mais je trouve qu'on aurait tort de se priver d'indications précieuses qui nous permettraient de mieux nous connaître.

Ainsi, Lorenz a beaucoup travaillé sur la notion d'inné et d'acquis. Par exemple, quand il a observé les oies cendrées (il avait cinq ans la première fois !), il s'est aperçu d'un phénomène que nous connaissons bien mieux maintenant, celui de l'empreinte.

L'empreinte, c'est ce moment où l'oiseau brise sa coquille et pose les yeux sur quelque chose ou quelqu'un : il y est immédiatement attaché et le suivra toute sa vie. On peut se servir de cette image pour expliquer l'inné et l'acquis : l'inné (la nature, la génétique), c'est ce qui dit « *suis* » à l'oiseau, et l'acquis (la culture), c'est ce qui lui dit « *qui* » suivre…

Il y a donc bien un instinct chez l'animal. Mais qu'en est-il de l'homme ? D'après Lorenz, nous sommes avant tout des êtres de culture, car nos instincts ne sont pas très ancrés, et pas aussi sûrs que ceux des animaux. Mais cela ne veut pas dire que nous n'en avons pas !

Nous possédons, toujours suivant Lorenz, un instinct primaire qui correspond aux stades les plus reculés de notre évolution. Il a son siège dans la partie archaïque de notre cerveau qui régule la reproduction ou l'agression. Nos instincts secondaires, eux, sont gérés par le néocortex, apparu plus tard et spécifique à l'homme (tiens, voilà une différence incontestable avec les animaux !). Nos instincts secondaires, ce sont par exemple les règles de comportement au sein de la société. Comme la politesse, qui servirait véritablement à la survie de l'espèce en limitant les conflits...

Je trouve que cette dernière phrase est à méditer dans une société qui confond parfois « écouter ses instincts » et « revenir à ses instincts primaires » ! Il faut apprendre à faire la différence... C'est d'ailleurs ce qui est difficile : apprendre quels sont ses véritables instincts, et s'y tenir.

Quoi qu'il en soit, observer les animaux nous donne une petite idée de qui nous sommes, ou plutôt de qui nous pourrions être. Si vous vous êtes déjà penchés sur la question, n'avez-vous pas remarqué combien les bêtes sont meilleures que les hommes, dans la mesure où elles semblent posséder un bon sens et même une « moralité » dont nous sommes malheureusement parfois dépourvus ?

C'est grâce à leur instinct, dicté en partie par la génétique, et en partie par leur « expérience », mais qui ne s'est pas perverti. Pour moi, ce monde animal et ses lois représentent une voie de connaissance de soi. C'est cela qui m'a tellement bouleversé la première fois que je l'ai compris. C'est cela que j'ai envie de partager avec vous.

La loi de la jungle

Une des idées centrales chez Lorenz, et chère à mon cœur, est l'idée d'agression. En effet, je dis souvent qu'il faut que l'on revienne à la loi de la jungle dans notre société, et je remarque aussitôt une ombre passer dans les yeux de mes interlocuteurs : « Quoi ? Il voudrait que nous nous entre-déchirions ? »

Eh bien non ! La loi de la jungle, c'est tout sauf ça.

On considère souvent que l'agressivité est déplacée, alors qu'elle est indispensable à la survie des espèces. Konrad Lorenz l'a démontré dans un essai intitulé *L'Agression, une histoire naturelle du mal* [1], où il explique la fonction de l'agressivité dans le règne animal. Il conclut qu'elle n'a, en elle-même, rien de pathologique ou de mauvais, mais qu'elle représente un instinct qui, comme beaucoup d'autres, aide à survivre. Ce sont ses dérives qu'il faut condamner.

Chez les animaux, par exemple, il n'existe pas de « guerre de tous contre tous ». On se bat pour sauver sa peau, voire conquérir une femelle convoitée. L'homme, lui, se bat pour ses idées, son Dieu, son pouvoir, son argent... Autrement dit, jamais on ne verra à l'état naturel un tigre se battre avec un python ou un crocodile, car aucun d'eux n'est en concurrence avec les intérêts vitaux de l'autre. En réalité, il n'existe que deux sortes de combats : proie contre prédateur (pour se nourrir), et rival contre rival (pour conquérir une femelle ou un territoire).

Et encore ! Konrad Lorenz pense que l'attaque du prédateur contre la proie ne peut pas être considérée comme une agression. Il nous montre, par exemple, la joie qu'éprouve un chien quand il voit un lapin – sa nourriture –, joie comparable à son contentement de revoir son maître quand il réapparaît après une absence. Ou encore, joie similaire à celle que nous ressentons en découvrant un

---

1. *Op. cit.*

délicieux poulet rôti sur la table de la cuisine ! Voyez-vous de l'agressivité là-dedans ?

Pour autant, l'agressivité chez les animaux joue un rôle fondamental, car c'est elle qui, par exemple, sélectionne les sujets les plus forts et les plus aptes à la reproduction, permet aux espèces de se répartir harmonieusement sur le territoire, et assure la défense des petits. Et il faut noter que, sauf accident – comme une dent qui perce une artère ou une corne qui crève un œil –, ces agressions entre concurrents ne sont jamais meurtrières. Il existe donc un instinct qui empêche les grands fauves, par exemple, de s'entre-dévorer.

Alors que chez nous ce n'est malheureusement pas le cas – quoique, je vous l'accorde, certaines rixes puissent suivre le schéma animal – quand on se bagarre, il n'est en général pas question de tuer son voisin. Il est clair que nous essaierions plutôt de lui faire comprendre à quel point nous lui sommes supérieur, tout comme il existe des loups dominants dans une horde.

Seulement voilà, notre espèce dispose d'armes de plus en plus meurtrières : et c'est une grosse différence avec le jaguar ou l'éléphant…

Chez l'homme, à qui manque malheureusement le dispositif de sécurité qui lui permettrait de garder au combat des limites raisonnables, l'instinct d'agression semble avoir dépassé son utilité. Et pourtant, en même temps que l'humanité inventait les armes, elle devenait de plus en plus consciente de ce qu'elle faisait… Hélas, il y a toujours un décalage entre la portée des massues, des fusils et des bombes atomiques et celle de notre sens moral. Mais cela, on le savait…

En ce qui me concerne, cette théorie fut une révélation : elle me permit de comprendre que, dans la vie, il est légitime de se battre pour survivre, à condition de suivre les règles du respect de l'autre qui me paraissent évidentes. Elle me redonna espoir : si les animaux se battent, alors nous aussi. C'est naturel. Pas de quoi en faire un plat, il faut juste aller de l'avant, compter sur soi, sur ses propres forces. Et c'est ce que je fis ! En quelques mois, les traumatismes que je venais de vivre et les incertitudes qui en découlaient fondirent comme neige au soleil, au fur et à mesure que mon courage reprenait le dessus.

En résumé, ce n'est pas l'agressivité qu'il faudrait supprimer dans notre espèce, car elle n'est pas mauvaise en soi. Au contraire, comme l'explique Lorenz : « Avec l'élimination de l'agression se perdrait beaucoup de l'élan avec lequel on s'attaque à une tâche ou à un problème, et du respect de soi-même sans lequel il ne reste plus rien de tout ce qu'un homme fait du matin au soir, du rasage matinal jusqu'à la création artistique ou scientifique. »

Non, ce qui est mauvais, je le répète, ce sont les dérives…

Maîtriser l'agressivité

Je vous le disais tout à l'heure, il faudrait revenir à la loi de la jungle ! Mais comme c'est impossible (cela nous demanderait une sagesse collective que nous sommes loin d'avoir), Lorenz nous suggère plusieurs idées :

– Ne pas confondre l'agressivité nécessaire à notre survie et à celle de l'espèce avec les *idées* guerrières. Si vous êtes personnellement agressé et que vous vous défendez, c'est une chose. Si vous adhérez à des mouvements et décidez de faire la guerre, alors vous n'êtes plus dans l'instinct (les hommes de Cro-Magnon ne défendaient que leurs proches).

– Connaître les mécanismes de la colère pour mieux les maîtriser : autrement dit, taper dans un objet plutôt que sur quelqu'un, utiliser la visualisation pour créer de la distance entre ce qui nous agresse et nous-mêmes, se servir des formes de diversion que sont les jeux, le théâtre, le cinéma, qui interrompent nos pensées violentes.

– Le sport : c'est le plus puissant dérivatif, car il canalise non seulement l'individu, mais aussi les foules. On le voit bien lors des coupes du monde ou des Jeux olympiques. Le sport, parce qu'il a des règles, empêche de mal se comporter tout en satisfaisant nos pulsions... C'est pourquoi les débordements criminels de certains supporters sont intolérables : ils vont à l'encontre de l'esprit sportif et de ses bienfaits sur les individus.

– Le rire : c'est ce qui peut nous permettre de prendre du recul et de dédramatiser.

En quelques millions d'années, nous avons vécu pas mal d'évolutions... Nous avons dû nous adapter à notre nouveau milieu, la terre, après être sortis de l'eau. Le crâne de l'homme, sa stature, son équilibre, mais aussi ses poils et ses dents se sont modifiés. Le néocortex, notre cerveau « intellectuel », s'est créé, puis étoffé. Nous sommes devenus sédentaires après avoir été nomades. Et ça n'est pas fini ! Qui sait à quels environnements nous allons devoir nous adapter, avec les changements climatiques, pour ne citer qu'eux...

À l'époque où j'ai commencé à m'y intéresser, l'éthologie établissait toutes sortes de comparaisons entre les animaux et les hommes – et c'est cela qui me fascinait. Aujourd'hui, cette science est plus tournée vers l'être humain en tant que sujet d'observation, notamment en ce qui concerne la communication interpersonnelle et les affects.

Quant aux animaux, nous en possédons maintenant une connaissance approfondie. Nous nous sommes aperçus, pour revenir à l'ouverture de ce chapitre, que ce que nous pensions être le propre de l'homme ne l'était pas toujours. Par exemple, en observant les grands singes, tels les bonobos et les orangs-outangs, on a réalisé qu'ils disposaient d'outils et qu'ils pensaient leurs tâches à l'avance, tout comme nous. Pour ce qui est de nos instincts, les avancées des neurosciences nous ont permis de savoir un peu mieux où nous en étions. Notamment le rôle des émotions dans la pensée. Mais là, nous sommes sur un autre terrain...

Il reste que l'approche de l'éthologie m'a permis de me poser des questions sur moi-même, mon comportement, mes motivations. Par ailleurs, j'ai pris l'habitude de jauger tout à sa mesure : j'essaye constamment d'observer et de comprendre, notant et cataloguant sans répit ce qui fonctionne et ce qui rate dans mes actions et mes rapports aux autres.

Ce qu'il y a d'important, c'est de faire le constat, à un moment donné, de ce qui nous convient ou non, et ensuite d'agir en fonction de ce constat.

Or ce n'est pas toujours facile. Combien de fois nous faut-il faire les mêmes erreurs avant de comprendre enfin que certaines choses ne sont pas pour nous ? Et combien de fois, sentant confusément ce qui est bien pour nous (parfois sans pouvoir l'exprimer), nous sommes-nous heurtés à l'incompréhension de nos proches, voire de la société ?

Je vous encourage donc à vous poser toutes ces questions, qui vous aideront sans doute à vous sentir mieux et à trouver votre place plus facilement.

Quelques suggestions

Prenez un cahier et faites la liste de toutes les actions de votre journée. Quelles sont celles qui sont réussies ? Et les ratées ? Revoyez chaque acte mentalement. Comment avez-vous fait (pour réussir ou pour rater) ? Par exemple : arriver à l'heure à votre rendez-vous ; réussir à parler à votre patron de quelque chose qui vous tient à cœur ; rater le créneau et rayer la voiture... Tout peut être le sujet de votre observation. En face de chaque chose, vous pouvez inscrire pourquoi vous l'avez bien ou mal faite (vous vous êtes concentré, vous vous êtes dit quelque chose, vous avez pensé à, etc.) et quelle piste cela vous donne sur ce qui vous convient et ne vous convient pas. Cet exercice répété peut vous mener à des prises de conscience importantes.

– XIII –

TROUVER SA PLACE

« Que la force me soit donnée de supporter
ce qui ne peut être changé ;
et le courage de changer ce qui peut l'être ;
mais aussi la sagesse de distinguer l'un de l'autre. »

MARC AURÈLE

En 1959, poussée par le hasard, ma vie change de direction. Le hasard porte un nom : François Vermeil [1]. Cet homme accompagne au piano les candidats à un concours célèbre à l'époque, celui des « Numéros un de demain » sur… Europe N° 1. Il vient souvent me voir dans l'un des cabarets où je joue, L'Étable, à Saint-Germain-des-Prés. Et c'est lui qui m'inscrit à ce concours sans même me demander mon avis. On peut dire que j'y vais le couteau sous la gorge, tant il insiste. À ce moment précis de mon existence, je ne pense pas le moins du monde à faire carrière. Ce qui

---

1. Ce vrai ami nous a quittés il y a longtemps… Il enregistrait ses musiques sous le nom extraordinaire d'Onésime Grobois.

m'intéresse avant tout, c'est de donner de bonnes conditions de vie à ma petite famille.

Le résultat de ce coup de pouce du destin, c'est que je suis ravi de me retrouver le premier « Numéro un de demain », et encore plus content de signer mon premier contrat avec Barclay ! Même si je ne réalise pas qu'il va falloir m'arrêter de me produire dans les cabarets et que je vais, temporairement, traverser une période de vaches maigres.

Heureusement, assez rapidement, le succès est au rendez-vous. Le succès ! Un vrai bonheur, que je souhaite à tous... dans tous les domaines. J'ai une opinion très personnelle sur le sujet. Je pense que le succès n'est que le signe qu'on est bien à sa place, au moment présent.

Et que n'importe quoi peut être un succès : un gâteau réussi, un mariage heureux, un enfant qui a de bonnes notes à l'école, une victoire sportive...

Je n'ai pas une renommée internationale, mais je suis très populaire dans mon pays. Ce qui veut dire que les gens me reconnaissent. Autrefois, dans les villages et les bourgs, tout un chacun bénéficiait de ce même traitement : il était salué dans la rue et « reconnu ». Depuis que nous vivons dans de grandes villes voire des mégalopoles, tout a changé. Nous sommes désormais anonymes. Quelle tristesse... Il est donc particulièrement important que, tous, nous puissions nous sentir à notre place d'une manière ou d'une autre pour compenser ce manque de reconnaissance spontanée.

Pour ma part, je me souviens de mon bourg du Tarn, où j'étais adolescent pendant la Seconde Guerre mondiale, et des « commères » qui y jacassaient :

– Mais si, je vous dis que c'est le petit Hugues, le troisième de madame Aufray !

– Comme il a grandi ! Mais son aîné, il ne se serait pas
marié ? On ne le voit plus guère…

– Ah çà ! Je n'en sais rien du tout…

J'imagine un tel dialogue parce que c'est exactement ce
qui, chez moi, crée un sentiment d'appartenance. Et si vous
vous souvenez du chapitre sur les différences, vous réaliserez
à quel point me sentir accepté est vital pour moi. Voilà donc
ce que m'apporte la célébrité : ma place. Mais à part cela, rien
n'a changé pour moi. Je me suis retrouvé à Paris exactement
comme j'étais à Sorèze. Seule la taille de la ville a bougé !

C'est pourquoi je demeure toujours étonné de ceux qui,
comme on dit communément, ont « la grosse tête » et
deviennent, après avoir rencontré le succès, indifférents
aux autres. Voire un peu méprisants pour certains. Cela est
dommage, car c'est faire peu de cas de la responsabilité qui
arrive avec la célébrité : celle d'essayer – autant que possible – de donner le « bon » exemple. C'est-à-dire se montrer attentif et respectueux, en particulier vis-à-vis de ceux
qui ne savent pas encore où est leur place…

Or chacun d'entre nous doit pouvoir se mettre en chemin
afin de la trouver, cette fameuse place. D'ailleurs, je crois
fermement qu'une fois sur la bonne voie, toutes sortes de
« signes » nous indiquent qu'il faut continuer à suivre celle-ci.

Ce sont parfois des rencontres, comme celle que j'ai eue
avec ce pianiste américain qui m'a permis d'aller voir
Mme Sandra et de récupérer ma voix. Ou avec mon ami
François Vermeil. Souvent, ce sont des encouragements,
comme un patron qui vous félicite ou, mieux, qui vous
augmente !

Ou bien un coup du destin : vous ne deviez pas vous trouver à cette soirée, vous n'aviez vraiment pas envie d'y aller, mais au dernier moment vous avez pris votre courage à deux mains et c'est là que vous avez rencontré quelqu'un dont les propositions ont changé votre vie.

Imaginez une seule seconde que je n'aie pas eu le courage de me présenter à ce concours d'Europe N° 1...

Les obstacles

Il existe de nombreux moyens de ne jamais trouver sa place. Par exemple, croire qu'on n'est à sa place qu'à partir du moment où l'on a un certain statut. Beaucoup de gens pensent que monter les échelons dans leur travail les fera se sentir bien. Ce n'est pas totalement faux, mais c'est excessif. Il est évident que pour se sentir bien à sa place, il faut que tout soit en harmonie autour de vous : la famille, les plaisirs personnels et le travail. J'ai eu la chance de pouvoir concilier ces trois dimensions, et je vous encourage à tout faire pour y parvenir aussi.

Une autre voie pour rater cette sensation d'être là où il faut, quand il faut, c'est la jalousie. Par exemple, on voit passer ou l'on côtoie telle personne qui a réussi, et on l'envie. Notez bien que l'envie n'est pas le désir, car le désir conduit à l'action, alors que l'envie est négative... Dans de telles conditions, comment être un jour à sa place ? Il existera toujours quelqu'un de mieux (ou pire !) qui *aura l'air* mieux que soi !

Parmi ce qui nous met des bâtons dans les roues, on peut également citer le fait de « placer la barre trop haut ». On veut y arriver à tout prix et, justement parce que le but est tellement impressionnant, on n'y arrive pas tout de suite... alors on se décourage. Quelle belle stratégie d'échec ! Il faut admettre que le temps nous apporte parfois ce que nous désirons de manière plus sûre que toute l'énergie que nous dépensons en pure perte vers notre but. Il est rare que tout nous soit donné d'emblée. Il faut donc savoir accepter l'incomplétude. Et parfois, se dire que l'on n'est pas fait pour ce rêve qu'on voulait à tout prix réaliser.

Un exemple connu me revient à l'esprit : celui d'Armand Drouant. Vendeur de matériel de peinture, il rêvait de devenir un grand peintre. Dès qu'il pouvait, il se mettait devant sa toile et prenait ses pinceaux. Mais un jour, parce qu'il avait du goût et qu'il était honnête, il a dû reconnaître que jamais il n'atteindrait son idéal.

Alors, plutôt que de s'échiner en vain à devenir un grand artiste, il s'est mis à en dénicher et les a pris sous contrat. Il est devenu un célèbre marchand de tableaux, a écrit un livre – *Dialogues sur la peinture* –, a dirigé le magazine *L'Information artistique* et la galerie Drouant-David, rue du Faubourg-Saint-Honoré. Il a ainsi découvert Bernard Buffet, Carzou, Théo Tobiasse et tant d'autres...

Il avait su transformer son envie en désir, et se rendre compte qu'il devait changer son fusil d'épaule. Il s'est alors « contenté » d'une autre place que celle qu'il avait envisagée de prime abord. Mais comme il se trouvait enfin à *sa* place, il en a retiré une certaine gloire et beaucoup de satisfaction.

*
* *

Une autre possibilité de ne jamais occuper la place qu'on mérite, c'est de se conformer au désir de sa mère, de son

183

père, de sa femme, de son patron, bref, de vouloir faire plaisir à tout le monde. Dans ces conditions, comment être soi-même et assumer ses choix ?

Car pour prendre sa place, il faut impérativement ne pas céder en ce qui concerne ses propres désirs. À ce propos, j'ai rencontré une femme d'une cinquantaine d'années qui a failli passer à côté de sa vie, tellement elle voulait plaire à sa mère.

Un jour, cette femme se rend chez un médecin car elle a des douleurs à la hanche. Le praticien lui annonce alors qu'elle est atteinte d'une maladie héréditaire. Le problème, affirme-t-elle, c'est que personne dans sa famille n'a cette pathologie. Comme elle est venue en consultation avec son mari, elle se tourne vers ce dernier et lui demande s'il a une idée sur la question. Au lieu de répondre, son époux la regarde et semble réfléchir. Et tout à coup, il lui dit : « Tu n'es pas la fille de tes parents ! »

Stupéfaction…

Après ce choc, la femme fait une enquête et comprend que depuis toujours, absolument tout le monde autour d'elle – sauf ses enfants – savait qu'elle avait été adoptée, mais que personne n'avait voulu le lui dire, chacun estimant que c'était le rôle de ses parents adoptifs. Jusqu'à ce que son mari, pour protéger sa santé, le lui avoue.

Or, si elle réfléchissait bien, elle avait eu de nombreuses occasions de découvrir la vérité : des mots murmurés derrière son dos jusqu'à l'empressement de ses parents à toujours s'occuper des démarches administratives qui auraient pu trahir ses origines… Elle aurait dû comprendre. Et avoir ainsi accès à une vie meilleure. Elle se serait sentie à sa place, si seulement elle n'avait pas voulu faire plaisir à sa mère adoptive et n'avait eu peur d'elle et de sa possessivité. Elle s'était laissé aveugler plutôt que de braver la forte personnalité maternelle…

Il est évident qu'à partir du moment où elle a connu les circonstances de sa naissance et des premières années de sa vie, elle a pu, une fois les démarches pour retrouver sa famille d'origine effectuées, se mettre à une place qu'elle n'avait jamais eue auparavant et qui lui convenait beaucoup mieux.

En résumé, à trop vouloir faire plaisir à ses proches, on risque de se perdre, de ne pas occuper la place qu'on aurait pu avoir, et de rester coincé toute sa vie dans une existence qui ne vous appartient pas vraiment. Ou d'être accablé de remords et de regrets. Qu'y a-t-il de pire que de se dire : « J'aurais pu… »

Assumer ses choix

Cela veut dire parfois changer de vie. Je crois que nous sommes tous fascinés par la capacité extraordinaire de certaines personnes à rebondir, ou même – cela arrive – à effectuer des virages à cent quatre-vingts degrés.

Ainsi ce garçon que j'ai connu il y a une dizaine d'années. Il était moitié tunisien, moitié indien, et ses parents lui avaient inculqué l'amour du travail et celui de son pays de naissance, la France. Ce jeune homme d'une trentaine d'années avait pris l'habitude de s'investir à fond dans son travail. Il avait réussi un DESS, ensuite un MBA (*Master of Business Administration*) dans une université anglaise. Il avait tout d'abord été chercheur pour un groupe agro-alimentaire, puis, au sortir de son MBA, il avait été contacté par un important groupe financier et était devenu l'un de leurs meilleurs éléments. Il vivait une existence stressante, mais pleine d'argent et d'honneurs.

Cependant, il n'était pas heureux. Il jugeait le milieu dans lequel il évoluait – celui des fusions-acquisitions – superficiel et égoïste. Mais il continuait. Jusqu'au jour où on lui envoya le *Who's Who*. Il y figurait. Il aurait pu en être fier, mais en voyant l'épais volume, il fut pris d'une étrange fureur : Quoi ? Il avait droit à cette distinction parce qu'il avait pu se payer un MBA à deux cent mille francs ? Pourquoi les chances étaient-elles toujours du même côté ?

Dans les jours qui suivirent la réception de l'annuaire, il décida de quitter son job et de se consacrer dans un premier temps à enseigner dans une zone défavorisée, puis dans une prison. Enfin, il se dit que pour être en conformité avec celui qu'il se sentait être, il lui fallait être utile, à une plus grande échelle. Il fonda alors une entreprise qui, aujourd'hui encore, met en liaison les jeunes défavorisés possédant un projet et voulant « s'en sortir » avec les réseaux médiatiques et professionnels de sa connaissance. Et comme il le dit lui-même : « Maintenant, je peux me regarder dans la glace et me sourire, ma vie a un sens et je suis à ma place ! »

Cet homme a su vaincre la peur qui nous étreint tous quand nous devons changer. Apprivoiser le doute, avancer sur une route encore incertaine et passer outre le fait de ne plus occuper aucune place pendant le temps de la transformation. Même si celle-ci dure longtemps.

Se situer par rapport à sa famille

Quelquefois, la place que nous occupons nous est donnée par notre famille. Et notamment par la fratrie. Je ne
sais pas si les animaux ont ce genre de problèmes, mais
nous, les humains, nous nous situons très tôt par rapport à
nos frères et sœurs. Je pense à l'histoire du vilain petit
canard, de Hans Christian Andersen : tout le monde
connaît ce conte, qui nous parle de notre différence mais
aussi de notre capacité à rebondir – nous retrouvons là la
fameuse résilience de Boris Cyrulnik. Celle-ci serait-elle
fonction du rang de naissance ?

J'étais le troisième et suis longtemps resté le petit dernier, car ma sœur Pascale est née dix ans après moi. Et
j'avais choisi pour modèle mon grand frère, Francesco,
alors que j'aurais très bien pu préférer l'aîné, Jean-Paul.
Mais ce dernier vouait déjà sa vie aux mathématiques, alors
que Francesco avait naturellement endossé le rôle du père
qui nous faisait défaut. Pour moi, il faisait figure de leader.

Tout le contraire de ce que la récente théorie d'un chercheur américain, Frank J. Sulloway [1], prétend. En effet,
selon lui, les aînés auraient tendance à s'efforcer de conserver leur place et leurs acquis : ils luttent pour survivre. Par
conséquent, tout aîné deviendra un défenseur de l'ordre
établi et un ennemi acharné du changement. Installé trop
tôt en position de gardien de ses frères, l'aîné risque en
outre de se couper prématurément de son enfance et de se

---

1. Professeur d'histoire des sciences au sein du département des sciences cognitives du
Massachusetts Institute of Technology, il a publié un ouvrage intitulé *Enfants rebelles*
(Éditions Odile Jacob, 1999).

croire plus responsable qu'il ne l'est. Et le sociobiologiste de citer Roosevelt, Churchill, Mussolini et Staline, qui d'aînés seraient passés à chefs, sans transition !

En revanche, les cadets, qui ont dû lutter pour conquérir leur place, ont « naturellement » l'esprit ouvert et adhèrent avec enthousiasme à toutes les idées nouvelles, surtout si elles promettent de bouleverser l'humanité. Ce sont des rebelles ! Mais s'ils deviennent des « enfants du milieu » (si un autre bébé naît après eux), alors ce seront les plus pacifiques, tel Martin Luther King...

Enfin, les benjamins, eux, doivent avant tout combler les attentes parentales : ils sont donc tentés d'enfouir les leurs. « *Si la concurrence est intense dans la fratrie, [ils connaîtront] une situation d'isolement, de haine, mettant en péril* [leurs] *capacités d'insertion* », nous dit l'auteur de cette théorie. Surprotégés, ils risquent de devenir de grands anxieux, des phobiques, des personnes mal à l'aise en société... Tout un programme, surtout quand on regarde ce que sont devenus ces petits derniers dans l'Histoire : Danton, Lénine, Arafat...

En tout cas, que l'on croie en cette théorie basée avant tout sur la génétique et le déterminisme, ou que l'on ait observé des choses différentes dans sa propre famille, il n'en demeure pas moins vrai que notre place peut être largement la conséquence de notre rang de naissance.

Ainsi cet ami qui, à cinquante ans passés, se plaçait toujours en second, en soutien du chef, au service d'un projet ou d'une personne ; et qui m'a confié un jour, sans se rendre compte de l'importance de ce fait, que sa mère, quand elle lui parlait, faisait toujours référence à « son grand ». Or ce « grand » était son fils aîné (de vingt ans plus âgé que mon ami !), qu'elle avait chassé de la maison pour ne plus jamais le revoir. D'où la place de mon ami : éternel second, soutien du « grand » en disgrâce. Ce qui lui a valu plusieurs fois bien des problèmes…

Cela me fait penser à ceux qui ne peuvent trouver leur place *que* physiquement. Souvent parce qu'ils ne se sentent pas dignes d'occuper *une* place, quelle qu'elle soit. Je veux parler des personnes qui souffrent de surcharge pondérale (sauf bien entendu en cas de maladie génétique). Qui n'a jamais eu une bonne copine trop grosse, mais bien serviable ou boute-en-train ? C'est malheureusement fréquent chez les ex-enfants négligés, ou ceux qui ont une très mauvaise image d'eux-mêmes : ils prennent la place qu'ils peuvent…

Être « chez soi »

Pour terminer, j'ai l'impression que trouver sa place, c'est être bien dans sa peau, bien avec ses amis et bien dans son esprit… « Sa place », ce serait alors cet endroit à l'intérieur de soi où tout converge pour nous donner un sentiment de bien-être et de sécurité. Ce lieu intime où nous savons que nous pouvons revenir en cas de turbulence. Cette unité que nous devons parfois construire nous-même quand elle ne nous a pas été donnée par la confiance de nos parents, ou leurs compétences. Ce jaillissement de vie qui reste toujours à parfaire, à réinventer, car il est souvent menacé par nos conditions de vie stressantes, voire nos pensées négatives.

Le principal, dans la quête de sa place, est d'avoir le sentiment de progresser en permanence. De gagner votre place un peu plus chaque jour, tout en vous rendant compte que chaque parcelle d'espace gagnée, loin de vous faire perdre l'estime et le soutien des autres, augmente au contraire leur amitié.

Alors prennent sens les phrases d'Etty Hillesum, cette jeune femme juive déportée qui réalise une nuit, sous le grand ciel étoilé qui éclaire le camp dans lequel elle se trouve : « *On est chez soi. Partout où s'étend le ciel, on est chez soi. En tout lieu de cette Terre, on est chez soi, lorsqu'on porte tout en soi* [1]. »

Quelques suggestions

— S'il vous est souvent arrivé de lorgner sur un job mais qu'il vous passe régulièrement sous le nez, peut-être est-ce dû à un problème d'estime de soi. Avec des thérapies comportementales, on peut parfois débloquer certaines de ces situations. Posez-vous des questions – ou mieux, posez-les à votre meilleur(e) ami(e). Comment vous comportez-vous ? Comme quelqu'un de soumis, d'effacé, ou de conquérant ? Comment vous tenez-vous ? Droit ? Courbé ? J'ai connu quelqu'un qui a réussi à décrocher un travail qui lui faisait envie en apprenant à poser sa voix et en faisant des exercices d'affirmation de soi. Peut-être pouvez-vous tenter cette approche pour trouver votre place ?

— Pensez à la place que vous occupiez dans votre fratrie et voyez dans quelle mesure cela n'a pas influencé votre comportement d'adulte.

---

1. *Une vie bouleversée*, Éditions du Seuil, 1995. Etty Hillesum est morte à Auschwitz en 1943.

– XIV –

PRATIQUER DES RITES

« Tout l'art humain s'est développé au service des rites. »
Konrad LORENZ

Konrad Lorenz arrivait souvent un peu en retard à ses cours de l'institut Max-Planck, à Munich. Ce trajet, qu'il faisait à pied bien sûr, ressemblait à sa vie. Certains jours il conversait avec la bouchère, d'autres fois son attention était retenue par un chat égaré… La route était longue jusqu'à ses élèves. Chemin sinueux ! Tous les êtres vivants ignorent-ils la ligne droite, ou l'éthologue humaniste mettait-il seulement en pratique les leçons de sa science ?

Toujours est-il qu'un jour, après avoir étudié la carte de la ville, les étudiants de Lorenz proposèrent à leur maître un trajet plus « rationnel », avec moins de possibilités d'arrêts et plus d'allées droites. Lorenz s'y plia. Et en vint à respecter l'horaire. Seulement, il devint de plus en plus maussade. Finalement, il préféra emprunter son premier itinéraire, plus vivant et convivial, et surtout plus conforme à ses habitudes.

Il venait d'expérimenter ce qu'il avait si souvent observé chez ses oies. Car sa promenade du matin pouvait être qualifiée de rituelle…

Lorenz s'est beaucoup intéressé aux comportements sociaux des animaux, à leurs rites plus particulièrement. Il s'est rendu compte que l'oie sauvage, son animal préféré, pouvait tomber en dépression si l'on modifiait une seule de ses habitudes, fût-elle insignifiante et inutile en apparence. Ainsi en est-il des rites d'accouplement chez ces animaux dont la fidélité en amour est exemplaire. Une oie cendrée privée du cérémonial de « séduction » dépérit parfois jusqu'à ne plus vouloir bouger.

Respecter des rites, n'est-ce pas essentiel aussi chez les humains ? N'est-ce pas la marque de toute civilisation ? Que deviennent les repas sans le cérémonial de la table ? Que devient l'école sans la sonnerie de fin de cours ? Et le Renard, si son ami le Petit Prince n'arrive pas à l'heure à leur rendez-vous quotidien ? Il y a tant d'autres exemples…

Que sont les rites ?

Pour moi, ce sont des marqueurs de temps. Parfois les assurances d'appartenir à la communauté humaine, parfois des pratiques qui rassurent : nous en avons besoin depuis la toute petite enfance, afin de nous « étalonner » sur les autres.

Les rites de l'endormissement

Il paraît qu'à la naissance le temps intérieur de l'enfant, son cycle, est de vingt-cinq heures. Au début de sa vie, ce sera à ses parents de s'adapter au tout-petit. Mais au bout de quelques mois, il acquerra un cycle normal de vingt-quatre heures.

Comment ? Grâce à l'heure du biberon, celle de la sieste, celle du bain et celle du coucher. Autant de repères rituels qui servent à se construire, à être inclus dans la société. Les activités à heure fixe, ou presque : voilà les premiers rites humains.

Cela continue avec le rituel d'endormissement. L'enfant en ressent la nécessité vers deux ans. Les parents se rendent bien compte, à cet âge, que des angoisses perturbent leur petit au moment de s'endormir. Toute une panoplie vient alors à la rescousse de l'enfant. Ce sont les doudous que l'on câline ; les livres animés que l'on lit, tranquillement pelotonné dans les bras de sa maman ; les mots tendres ou les berceuses que l'on entend ; les bisous de toute nature – sur le nez, sur les joues, les baisers « papillon » et ceux que l'on invente – ; le dernier « bonne nuit » et la lumière du couloir qui reste allumée pour chasser les esprits du soir, les tigres des immeubles et les dragons blottis dans les placards...

Ce rite, tous les pédiatres nous en répètent l'importance : endormi à heure fixe, préparé à cette petite mort (Hypnos, le dieu du sommeil, et Thanatos, celui de la mort, étaient jumeaux chez les Grecs), l'enfant ainsi rassuré aura son content de sommeil et aura moins de risques de devenir insomniaque plus tard. Je conseille aux parents de tout faire pour le respecter : il y va de leur confort autant que de la sécurité psychologique de leur bambin. Le temps des enfants et celui des parents sont ainsi bien séparés.

Je me suis d'ailleurs aperçu, en questionnant mon entourage, que le non-respect des rituels d'endormissement trouvait son origine dans des malentendus de départ entre les parents et les enfants et n'était pas « délibéré ». Car la plupart du temps, les parents ne demandent qu'à écouter leur enfant et à le satisfaire, alors qu'il faudrait établir un rite immuable, auquel fatalement l'enfant va s'habituer.

Par exemple : si un enfant trouve le sommeil dans les bras de ses parents, ou dans leur lit, puis qu'on l'emporte endormi dans son lit, il se réveillera naturellement une ou deux heures plus tard. Durant ce « micro-éveil », il ne se trouvera plus dans les mêmes conditions qu'à son endormissement. Il va donc appeler et pleurer. C'est ainsi que, la nuit, l'enfant se retrouve à nouveau dans le lit des parents, promené en voiture ou qu'il reçoit parfois jusqu'à deux litres de boisson. Un vrai cercle vicieux ! Je sais que pour les parents il est parfois dur de se montrer ferme envers leur enfant. Cette difficulté se retrouve d'ailleurs dans tous les domaines de l'éducation.

Plus tard, ça ne s'arrange pas. Le gamin ne veut pas quitter ses parents et ceux-ci acceptent de rester avec lui. Ou bien le petit pleure durant des heures dans son lit et ils vont sans cesse le consoler. Ou encore l'enfant utilise tous les prétextes du monde pour ne pas s'endormir (il doit faire pipi, il a peur du noir, il a soif...) et les parents répondent à toutes ses demandes.

C'est là que le rituel prend toute sa valeur : il rétablit la normalité, ce qui est bon pour l'enfant... Il suffit parfois de respecter le moment du coucher, et de ne pas revenir quand l'enfant pleure. Bien entendu, en cas de difficultés majeures, il ne faudra pas hésiter à consulter un psychologue ou un médecin.

*
* *

En tant qu'adulte, si vous rencontrez des difficultés pour trouver le sommeil, je vous conseille d'établir votre propre rituel d'endormissement (celui-ci vous a peut-être manqué lorsque vous étiez petit). Essayez d'y inclure certains éléments de votre enfance, ainsi que la lecture d'un livre, qui fait souvent merveille pour retrouver naturellement le sommeil.

Une femme célèbre en proie à de gros problèmes juridiques disait à l'une de mes amies qui s'étonnait de ce qu'elle n'en avait pas perdu le sommeil :

— Ma grand-mère, qui m'a élevée, a réglé le problème une fois pour toutes. Quand arrivait le moment fatidique, elle fermait les volets, bordait mon lit et me déclarait le plus calmement du monde : « Maintenant, c'est l'heure de dormir. » Comme si c'était une évidence et qu'il n'y avait plus rien d'autre à faire. Et je ne faisais rien ! Je ne pleurais pas, je ne me plaignais pas, je ne me sentais pas punie : c'était dans l'ordre des choses. Alors aujourd'hui, même si je risque la ruine et peut-être pire, le soir je ferme les volets sur mes soucis et je me dis : « Maintenant, c'est l'heure de dormir. » Et ça marche !

Enfin, il convient de ne pas oublier que dans les sociétés primitives, les enfants sont beaucoup plus proches de leurs parents en terme d'espace et de contact charnel. Cela n'en fait pas pour autant des êtres asociaux, ou des enfants qui plus tard rencontreront des problèmes de sommeil. Chaque civilisation a ses rites. Et les « habitudes maison » de certaines familles, même si elles peuvent paraître un peu étranges aux yeux des autres, ne freinent en rien le développement des enfants concernés, pourvu que ceux-ci soient par ailleurs aimés et éduqués. Gardons-nous encore une fois de juger...

Pour d'autres, la prière du soir sera un excellent moyen de dire adieu à la journée et de s'en remettre, confiant, au sommeil bienfaiteur.

Les rites religieux

À l'époque où il n'y avait pas de montres, on entendait la cloche sonner les heures, ou le muezzin chanter les louanges d'Allah. La religion avait alors son rôle dans le découpage du temps, dont elle avait fait un véritable rite, marqué par la prière, qui a perduré jusqu'à nos jours, à des degrés divers suivant les individus et les lieux, puisque, par exemple, nos sociétés occidentales sont devenues laïques alors que certaines autres sont toujours religieuses.

Chez les religieux chrétiens, en particulier pour l'ordre des bénédictins, on se réfère à la phrase de l'Écriture : « Sept fois le jour, j'ai chanté tes louanges. » Ce sont les prières de matines, de prime, de tierce, de sexte, de none, les vêpres et complies. Pour les moines, il est en plus d'usage de se réveiller au milieu de la nuit, pour l'office de vigiles.

La prière cinq fois par jour fait partie des devoirs du bon musulman, et rappelle toujours aux fidèles qu'ils doivent respecter une certaine hygiène, et se prosterner devant Dieu. Là aussi, le découpage du temps est très clair.

Il en est de même chez les juifs où l'on compte trois prières quotidiennes, autant de rites marquant les heures du jour et de la nuit, calculées à partir du lever du soleil. Elles sont collectives et peuvent durer plusieurs heures. Dans l'ordre : *Cha'harite* (le matin), *Min'ha* (le milieu de journée) et *Arvite* (le soir) ; les croyants zélés disent aussi *Tiqqouné Hatsoté*, la prière de la nuit.

Une façon de célébrer Dieu, mais aussi de s'assurer sa protection et de garder confiance.

À ces rites quotidiens s'ajoutent les fêtes annuelles qui marquent le début et la fin des grandes périodes de l'année. Aïd el-Kébir, Noël, Hanoukka…

Et puis il y a les rites funéraires, encadrés aussi par la religion, dont la fonction est double : nous permettre de dire adieu au mort en commençant à faire notre deuil, et effectuer une séparation bien stricte entre le mort et nous. Il repose à sa place, nous sommes à la nôtre. Je reviendrai sur cette notion plus tard.

Les rites d'initiation

Il existe aussi des rites d'appartenance, comme, en Afrique, les rites initiatiques. Selon un Africain célèbre que j'admire beaucoup et dont j'ai déjà parlé, Amadou Hampâté Bâ, l'initiation, véritable épreuve d'apprentissage de la vie, a pour but « de donner à la personne psychique une puissance morale et mentale qui conditionne et aide la réalisation parfaite de l'individu ». Mais, toujours selon lui, tout le monde n'y arrive pas. L'échec de l'initiation peut traduire « l'immaturité spirituelle des personnages, leur préparation insuffisante à la rigueur des

197

épreuves ou le manquement à la parole sacrée et la violation du code divin ou familial ».

Nous entrons là dans l'état d'esprit très particulier et très profond de la sagesse africaine. D'ailleurs Amadou Hampâté Bâ, un Peul d'origine aristocratique, fut un temps l'assistant de Théodore Monod, le fameux savant humaniste, avant de signer de nombreux ouvrages sur les traditions africaines et, surtout, d'entreprendre son œuvre monumentale : la collecte et la préservation, par enregistrements ou par écrits, des traditions orales de l'Afrique.

Amadou Hampâté Bâ fut en effet, de 1962 à 1970, membre du Conseil exécutif de l'Unesco, et put ainsi mettre en place cette politique, grâce à laquelle de nombreux contes, épopées, coutumes et récits furent préservés. Un peu comme lorsque la communauté internationale se mobilisa pour sauver le temple égyptien d'Abou-Simbel des griffes du barrage d'Assouan alors en pleine construction.

Les rites d'initiation en Afrique varient selon les lieux et les ethnies. Au Mali, lieu de naissance d'Amadou Hampâté Bâ – il serait plus juste de dire chez les Bambaras et les Peuls –, la division de la vie en période de sept ans rythme l'existence. Jusqu'à sept ans, l'enfant est exclusivement avec la mère, entre sept et quatorze ans il s'ouvre progressivement à la vie extérieure, mais il est resté dans la catégorie des enfants. Entre quatorze et vingt et un ans, il écoute ses maîtres.

C'est à vingt et un ans que le jeune homme est circoncis et initié aux mystères sacrés. La période qui lui permet de passer de l'état de grand enfant à celui d'adulte dure vingt-deux jours. L'initiation est collective – ses camarades de « promotion » et lui seront amis et se devront assistance à vie – et se termine par une fête. Elle est émaillée de rites et requiert beaucoup de courage de la part du jeune initié, représentant une occasion très importante pour lui de se dépasser, d'aller vers ce qui le construit en lien avec les autres.

Car l'initiation apparaît aussi comme un des fondements de la société. En cela, elle assure la prospérité, la fécondité et l'équilibre spirituel et économique de la communauté. Mais depuis une vingtaine d'années, elle est de moins en moins pratiquée, ce qui met en péril ce qu'on doit bien appeler l'âme africaine. Comme si, pour reprendre une image chère à Hampâté Bâ, on avait arraché le tronc de l'arbre (la sagesse des Africains) au lieu de l'élaguer (en coupant les coutumes trop désuètes pour se moderniser).

*
* *

En Occident, les rites d'initiation sont moins fondateurs qu'en Afrique, dans la mesure où ils ne représentent pas des épreuves fortes, engageantes et demandant d'acquérir maîtrise de soi et courage. Du reste, si ces rites n'ont pas tous disparu, ils sont tous en voie de disparition... D'une part parce qu'ils n'ont jamais été catalogués comme « rites d'initiation », bien qu'ils en soient pourtant. D'autre part, pour « protéger les jeunes », ce qui confirme bien que notre société s'éloigne de ses vraies valeurs sans même s'en apercevoir. Prenons l'exemple du bizutage, rite de passage assez mineur, mais décrié aujourd'hui parce que « vous comprenez, le pauvre petit... ». Cela part d'un bon sentiment, mais cela empêche aussi l'enfant de faire ses preuves.

Dans les religions monothéistes, il y a la profession de foi (appelée autrefois « communion solennelle »), la barmitsva… Rites d'appartenance à la communauté religieuse, dont on peut voir uniquement l'aspect symbolique. Le service militaire jouait le même rôle sur le plan laïque : à travers un brassage de population unique et une règle commune, l'individu se retrouvait « apte » à la vie en communauté et à défendre sa nation. Mais il a lui aussi été abandonné au profit de quelques journées d'information…

Le seul rite d'initiation qui reste en France est culturel : le baccalauréat nous ouvre les portes des études ou du monde professionnel. On doit accomplir certaines tâches parfois difficiles pour y parvenir. Et tant mieux !

Ces balises que la société nous soumet – nous imposait pour certaines – nous permettent de ne pas nous perdre. Ces indicateurs de temps, de rythme, d'appartenance à une communauté chassent les angoisses en mettant chaque chose à l'endroit où elle doit se trouver, et en soudant les hommes.

Ce que la société nous a retiré en partie, nous l'avons remplacé par des pratiques individualistes. Les rites n'ont pas fait exception : beaucoup d'entre nous avons réinventé les nôtres.

Les rites personnels

On voit de tout et l'on peut en sourire, mais ces habitudes « programmées » aident à prendre confiance.

Un de mes amis, catholique, pratique son rite personnel avant le coucher : il allume une bougie dans le salon, la place près de la Sainte Vierge et commence à prier. Il récite des prières apprises, notamment le chapelet, et y ajoute souvent des prières personnelles. Entre chacune, comme il est soucieux de sa santé, il avale ses pilules homéopathiques. Forme de syncrétisme étonnante, mais qui fonctionne très bien pour lui, même si cela lui prend en moyenne une heure avant de gagner son lit, où il peut s'endormir.

Pour une autre amie, le rituel du matin est différent : elle se plante sur ses jambes et s'écrie : « Que Dieu me protège, que Dieu m'aime, qu'Il bénisse cette journée ! » Puis elle écarte largement les doigts et projette ses mains, paumes ouvertes, vers son visage en criant : « Cinq, cinq, cinq ! » Ce mouvement et ces mots ont pour but, d'après elle, de se protéger de toutes les mauvaises influences. Enfin, elle lève le poing vers le ciel en émettant un son venu du plus profond de ses entrailles, une sorte d'exclamation guerrière, « Tchââââ ! » qui signifie pour elle : « À l'attaque de la journée ! » Et le rituel est terminé…

Voici un mélange étonnant de l'utilisation de deux cultures (chrétienne et musulmane), de méthode Coué et d'ardeur guerrière. Inventé par mon amie et totalement adapté à sa personnalité, son rite est puissant et lui assure une belle énergie pour commencer la journée.

Pour une autre de mes connaissances, c'est un rituel centré sur la voix que je trouve particulièrement efficace. D'abord, elle se place debout, au milieu de la pièce, elle ferme les yeux, se concentre sur son souffle et, tout en élevant les bras en cercle de chaque côté du corps jusqu'à les joindre en haut de la tête, elle inspire. Puis elle bloque sa respiration et ferme les yeux. Elle sourit en même temps qu'elle émet le son « aaaa » de manière mélodieuse et forte à la fois, jusqu'à ne plus avoir de souffle. Pendant ce temps, elle visualise le son qui se déplace d'un bras à l'autre, formant comme un arc de cercle.

Deuxième mouvement : elle reprend alors son inspiration, en plaçant cette fois ses bras en cercle devant elle – comme pour entourer un gros ventre imaginaire – ; elle bloque sa respiration une seconde, le temps de se concentrer, et à l'expiration elle chante le son « oooo » du plus profond de son ventre, visualisant le son formant un rond à l'intérieur de son bas-ventre.

Troisième chant : elle recommence à inspirer, en maintenant les bras le long du corps, bloque, et chante un son situé entre le « i » et le « é » qu'elle visualise le long de sa colonne vertébrale, reliant son corps à la Terre et au ciel.

Elle recommence trois fois cette succession chantée, chaque son étant émis de façon très différente, puisque représentant des énergies complémentaires.

Elle m'assure avoir appris ce rite chez les Soufis [1], mais je me demande s'il ne s'agit pas plutôt d'un « mélange ». En tout cas, son rituel réveille la voix, le corps entier, la spatialité, bref, il est très complet.

*
* *

Quant à moi, je pratique aussi une sorte de rite avant chaque concert. Déjà, dans la manière de disposer mes affaires dans ma loge : j'apporte toujours avec moi une photo de mon frère Francesco, et la place bien en vue. Sa présence m'est indispensable. Souvent, après avoir vécu quelque chose de fort, de drôle, ou de significatif pour ma carrière, je me demande ce qu'il en aurait pensé, et, mentalement, je lui dédie certaines de mes actions. Il faut dire

---

1. Le soufisme est une doctrine et une pratique mystique de l'islam apparues au VIIIe siècle et probablement venues d'Iran.

que mon frère a eu une très grande influence sur moi, comme je l'ai déjà évoqué. Bien qu'il ait été mon aîné seulement de dix-huit mois, il a remplacé dans mon esprit mon père, absent de la maison. Il a eu pour moi un rôle d'éducateur, de protecteur et de complice… Difficile de ne pas m'y référer. Ainsi, toujours, il m'accompagne, comme un bon génie tutélaire.

Un autre rituel, d'une nature différente, s'accorde au précédent. Il pourrait être expliqué par cette phrase de l'écrivain Colette : « Je veux partir la conscience propre et le reste aussi. » Avant un concert, je lave donc mon corps en entier : de mes dents à mes doigts de pieds, tout doit être impeccable !

Je garde en mémoire la thèse de médecine d'un certain Louis-Ferdinand Destouches, qui s'est fait plus tard appeler Céline, du prénom de sa grand-mère. Son mémoire portait sur un personnage mort dans l'oubli le plus total, en 1865, dans un « asile d'aliénés », comme on disait à son époque. Il s'appelait Semmelweiss, vivait en Hongrie et ne fut rien moins que l'inventeur de l'asepsie, autrement dit, il a découvert, entre autres, qu'il fallait se laver les mains pour ne pas transmettre les maladies.

Il avait en effet observé dans un hôpital que les nouveau-nés vivaient d'autant moins longtemps que les médecins, qui faisaient office de sages-femmes, passaient directement des cadavres qu'ils disséquaient aux parturientes, sans s'arrêter à la case « lavage » ! La mortalité des accouchées était terrifiante. Mais personne n'a tenu compte des inventions de ce petit médecin de province qui, de rebuffades en délations, finit fou. Quelques années plus tard, ses découvertes furent reprises par Pasteur avec le succès que l'on sait… Et de nos jours, pour réparer cette injustice, une université porte son nom.

Je vous parle de cet homme parce que son histoire m'est chère. Et par ailleurs, j'en ai gardé la conscience bien ancrée de l'importance de l'hygiène. Il n'est donc pas concevable pour moi de commencer un concert avec ne serait-ce que la plus petite saleté sur mon corps. Je veux pouvoir donner au public ce que j'ai de meilleur.

Enfin, dans la série des rites médicaux, une heure et demie avant de me produire sur scène, j'avale un comprimé de paracétamol vitaminé, un peu comme un athlète avant une compétition. Rassurez-vous, ce produit n'a rien de dopant, il m'évite simplement d'avoir des courbatures à l'un des trois cents muscles que je fais travailler en chantant…

Ainsi, je pratique un ensemble de rites alimenté par trois raisons : la puissance de l'amour que je porte à mon frère, le besoin de me présenter impeccable devant mon auditoire, et la nécessité de préserver ma voix. Vue de l'extérieur, cette « cérémonie » complexe peut sembler bizarre, mais en ce qui me concerne elle est parfaitement logique et justifiée. Je suppose que pour vos rituels à vous, il en va de même.

En tout cas, ces moments de préparation m'apportent un sentiment de bien-être et de sécurité inestimable. Et c'est pour cela que je pense que les rites sont tellement bienfaisants.

Et vous ?

Il y a ceux qui font quatre-vingt-dix pompes ou du jogging le matin, ceux qui prennent une longue douche pour se réveiller, ceux qui s'étirent à tout bout de champ, ceux qui consultent les cours de la Bourse pour s'assurer que tout va bien, ceux qui écoutent les nouvelles à la radio pour se tenir informés, et ceux – plus rares mais infiniment sages – qui font du petit déjeuner familial un instant sacré… Et vous, que faites-vous pour commencer votre journée à votre manière ?

Sans compter les rites du déjeuner, ceux du dîner, ceux de toutes ces occasions que nous avons de discuter entre nous, autour de la machine à café dans les entreprises ou d'un bon repas le soir. Nous sommes cernés par les rites car ils nous « cernent », c'est-à-dire qu'ils nous cadrent, nous aident à vivre.

Alors n'hésitez pas à vous inventer les vôtres, qui vous feront du bien, qui allégeront votre vie et vous permettront de garder le moral. Avec ce livre et ce que vous pourrez observer autour de vous, je suis persuadé que vous avez de quoi remplir votre escarcelle… Je vous souhaite une bonne récolte !

Quelques suggestions

– Vous ne savez pas si vous avez des rites ? C'est très simple, posez-vous la question : quelles sont les choses que vous faites dont vous ne pourriez pas vous passer, mais qui ne sont pas indispensables à votre survie ? Un exemple : vous êtes *obligé* de manger pour vivre, mais vous n'êtes pas obligé de vous mettre à table. La table représente un rite, manger une nécessité. Mais si vous ne vous mettiez pas à table, vous ne vous sentiriez pas bien, pas en accord avec vous-même : cela fait donc partie de vos rites. Sur cette base, répertoriez vos rites, dressez-en la liste.

– Puis, dans cette liste, distinguez ce qui vous est personnel de ce qui est plus ou moins imposé par la société, votre entourage, les règles d'hygiène, bref, ce qui est extérieur à vous.

– Combien vous en reste-t-il pour vous, une fois les rites extérieurs éliminés ? N'auriez-vous pas intérêt à en ajouter un ? Y a-t-il des rites que vous avez pratiqués, qui vous ont fait du bien, et que vous avez abandonnés ? Si oui, pourquoi ?

– Dans quelle mesure vos rites vous ressemblent-ils ? Que disent-ils de votre personnalité ?

– XV –

ÉDUQUER

« Il n'arrivera jamais à rien,
il ferait mieux de renoncer au bac. »

Un professeur à propos de son élève,
le jeune Albert Einstein.

Flaine, stage d'été indien, 1991. Notre joyeuse bande composée d'une trentaine d'enfants, de quelques éducateurs et de moi-même s'apprête à se mettre à table. Tout à coup, devant la beauté des plats et l'empressement de notre petit groupe, voilà que j'ai envie d'arrêter le temps, de permettre à chacun de faire une pause pour mieux apprécier la nourriture préparée ce jour-là. Pas question qu'elle soit avalée dans l'indifférence, comme on se jetterait sur une barre chocolatée ou un morceau de baguette en sortant de chez le boulanger ! Pas question non plus de dire « bon appétit », comme si l'appétit était un problème, alors qu'une des choses les plus partagées sur cette planète, c'est la faim ! De qui se moque-t-on ?...

La vérité, c'est que je veux faire de ce moment un acte à la fois unique et rituel. Je pense alors à la prière que nous disions dans mon enfance, mais je réalise que chacun étant d'une confession différente ici, cela n'aurait aucun sens. Alors j'en invente une, et la charge de toutes mes intentions de respect de soi, des autres et de l'environnement :

> « *Que cette nourriture vous profite...*
> *Remercions ceux qui l'ont préparée,*
> *et la Nature à qui nous la devons.* »

Une prière laïque, que nous reprendrons tous en chœur avant chaque repas, durant ces étés où des enfants de tous horizons viennent dormir dans des tipis, respirer le grand air de la montagne, découvrir les poneys et la joie d'être ensemble, tout simplement.

Pour moi, cette expérience a été – elle s'est achevée quelques années plus tard – une source de plaisir, et une occasion de me rapprocher de ces jeunes, vivants et entreprenants. Le feu de camp que je n'avais pas vécu enfant – contrairement à une légende tenace, je n'ai *jamais* été scout –, voilà où je l'ai mis en scène !

Et il m'a beaucoup appris, ce feu de camp... Nous en reparlerons bientôt.

Et ces repas que nous prenions à Flaine représentaient une sorte d'éducation. La meilleure : celle qui se compose de l'exemple que nous donnons aux enfants, d'une curiosité pour les choses de la vie et d'une douce contrainte assortie de règles simples et protectrices.

Seulement, dans notre monde de valeurs disparues et de recherche effrénée du plaisir, j'ai bien l'impression de prêcher dans le désert.

Sans limites...

Prenons un jour normal sur une chaîne de télé normale.

Un jeune garçon d'environ treize ans, entouré de ses parents, est le héros du reportage. Son père lui demande quelque chose, peu importe quoi. Aussitôt, l'adolescent lui décoche un :

— Ta gueule ! Tu m'emmerdes, avec tes ordres ! Si tu continues, je me barre...

Et la caméra de filmer la réaction navrée du père.

— Vous voyez, c'est pour ça qu'on a besoin d'un éducateur.

L'éducateur en question, un type balèze (heureusement !), prend le gamin à part et commence à lui faire la leçon. Celui-ci réplique sans arrêt jusqu'à ce que le « costaud » lui dise d'un ton calme et sûr de lui :

— Et maintenant, qu'est-ce que tu vas faire ? Tu vas me taper ? Vas-y, frappe-moi !

Le gosse a l'air momentanément maté et se tait enfin. Je me demande ce qu'il aurait fait si l'éducateur avait été un gringalet...

Des enfants élevés sans limites, cela a toujours existé. Cependant, ce genre de reportage et les émissions du type « Super Nanny » montrent bien que nous avons du souci à nous faire pour l'avenir de notre société. Oui, je suis sincèrement inquiet...

J'ai vécu mai 1968, mais j'étais bien avant dans l'état d'esprit caractéristique de ces années-là. Déjà, au lycée français de Madrid où j'ai fait une partie de mes études, j'étais montré du doigt pour ma façon de m'habiller peu orthodoxe et mes idées « étranges ». Le souci de l'authentique, du vrai, ainsi qu'une conscience élargie de notre environnement, tout cela faisait partie de moi bien avant que les étudiants ne dressent leurs barricades. En revanche, je n'ai jamais été laxiste en matière d'éducation. Je me sens trop responsable des plus jeunes pour cela.

La société, elle, s'est engouffrée dans cette brèche, jusqu'à ce que nous vivions la perte de repères actuelle et qu'elle ressemble à un champ de ruines, un village bombardé... Je considère que ce que nous avons gagné en matière de liberté avec mai 1968 était indispensable, car les gens à l'époque étaient bien trop engoncés dans leurs vêtements et leurs préjugés. Pour autant, nous avons certainement besoin aujourd'hui de nous recentrer sur des valeurs indispensables elles aussi, non plus à l'épanouissement individuel mais à la vie en communauté. Nous sommes allés trop loin !

Le trouble de la société est tel que les enfants de maintenant ont du mal à comprendre qu'il faille faire silence en entrant en classe, ou tout simplement écouter leur professeur. Ce dernier, d'ailleurs, est remis en cause avant même qu'il ait ouvert la bouche pour parler : « Qu'est-ce que tu fais, là ? Pourquoi tu veux faire ça ? » Et pour peu que l'enseignant se rebelle contre la dictature de la violence, gare à lui ! Que peuvent apprendre des écoliers dans cette situation ? Pas grand-chose...

Et si chacun restait silencieux quand le professeur le demande et prenait la parole uniquement quand il y est invité ? Comme les Indiens d'Amérique qui, lorsqu'ils se réunissent, se passent un « bâton de parole » à tour de rôle et, de ce fait, s'écoutent les uns les autres. Ne serait-ce pas utile que les élèves s'en inspirent ? N'y a-t-il pas là un besoin désespéré de silence pour permettre d'écouter, d'apprendre, de comprendre ?

Les lois et la politesse

Dans la même veine, la politesse ferait bien, elle aussi, de réapparaître. Cela ne vous frappe-t-il pas, ce manque graduel de civilité ? N'avons-nous plus le temps ? Et la politesse du cœur ? Celle, toute simple, qui consiste à s'enquérir de l'autre et à veiller sur les plus faibles, que lui est-il arrivé ?

Je pense que le manque de politesse – et je ne parle pas *que* de tenir la porte à une dame – est concomitante de la multiplication des lois. Alors qu'il suffirait d'un peu de bon sens de la part de chaque individu pour que le respect règne…

Ainsi il existe une loi pour…

– Obliger les gens à payer leurs employés, comme s'ils ne voyaient pas le travail accompli.

– Pénaliser les chauffards, comme s'ils ne se rendaient pas compte de l'existence des piétons.

– Empêcher les fumeurs d'allumer leur cigarette dans les endroits publics, comme s'il était normal de faire respirer aux autres une substance dangereuse.

Parfois, je me plais à rêver d'une société où la responsabilité régnerait sans partage. Où les lois ne seraient plus nécessaires. Amadou Hampâté Bâ nous raconte la même chose quand il parle de l'Afrique d'*avant*.

« Avant l'arrivée des Blancs, le pouvoir s'exerçait autrement. Il y avait des tabous, des interdits que personne, pas même les rois, n'osait transgresser. De telle sorte qu'on n'avait pas besoin de policiers et de gendarmes. Les gens n'osaient pas voler, de crainte de violer le sacré. À présent, il n'y a plus rien de sacré pour l'Africain[1]... »

L'éducation par l'exemple

Pour que les lois semblent naturelles aux enfants, il faut leur montrer l'exemple. Petit, jamais je n'ai reçu de consignes de la part des parents (ou elles ne m'ont pas semblé exister, ce qui revient au même !). Par contre, j'ai beaucoup observé maman.

Et là, je rejoins les animaux et les hommes primitifs. Claude Lévi-Strauss, à qui l'on posait la question : « Qu'est-ce qui différencie l'homme "civilisé" de l'homme "primitif" ? » répondait volontiers : « l'apprentissage ». Car, ajoutait-il, chez les hommes « primitifs », on n'explique jamais à un enfant *comment* faire un arc, mais on le lui montre. L'enfant regarde ainsi son père, autant de temps qu'il le lui faut pour comprendre. Ensuite, il passe également un grand nombre d'heures à imiter. Jusqu'à ce qu'il y arrive, puis acquière la maîtrise de son art. Dans

---

1. Interview dans *Jeune Afrique*, 1983.

nos civilisations de l'écrit, au contraire, la tendance est aux explications plus théoriques et conceptuelles au détriment de l'expérience.

D'ailleurs, dans l'art précisément, le processus est le même. Pas un grand artiste qui n'ait copié les maîtres et leurs techniques. Je n'ai pas agi différemment lorsque j'ai commencé à écrire mes textes et mes musiques : j'ai copié. Puis j'y ai ajouté de plus en plus de moi-même jusqu'à posséder ma propre manière et pouvoir travailler en collaboration avec d'autres musiciens.

Notre cousin le singe apprend de ses pairs plus âgés l'art de casser des noix succulentes à l'aide de pierres, se procurant par ce moyen toutes sortes de vitamines importantes. Cet apprentissage est essentiel, car savez-vous ce qui se passe si le singe dépasse un certain âge ? Il n'apprendra jamais. Cette ressource sera perdue pour lui. Il sera exclu de la confrérie de ceux qui savent…

Pour les petits humains, le savoir n'est pas forcément utile dans l'enfance, mais l'exemple, lui, m'apparaît primordial. Il est inutile, en effet, de mettre l'enfant dans du prêt-à-penser dès son plus jeune âge : tout ce qu'il peut apprendre de sa mère est du pain bénit pour son développement. Les moments précieux passés en compagnie de ses parents, à les voir vivre et agir, à les aimer, le forment de manière forte et indélébile.

L'école

Sans le savoir ni le vouloir, j'ai vécu ce programme à la lettre. À neuf ans, en suivant maman dans ses pérégrinations artistiques, je passais ma vie en compagnie de

Gauguin, Cézanne ou Van Gogh. À vrai dire, de tous les peintres, sculpteurs, compositeurs et musiciens. J'ai eu la chance de faire partie d'un milieu cultivé, et d'avoir sous les yeux l'exemple de maman pendant les années que je n'ai pas passées à l'école...

Mais il est certain que cette situation, qui serait impossible à l'époque actuelle, m'excluait de la troupe des enfants qui vont en classe. Et si, par un coup de baguette magique malencontreux, j'avais vécu enfant aujourd'hui, je n'aurais peut-être pas pu « suivre » à l'école, avec ma dyslexie. Alors j'aurais probablement été catalogué, et j'aurais fait le désespoir de mes parents, puisque je ne rentrais pas dans un moule préfabriqué.

En repensant à cette période de ma vie où je me sentais toujours en décalage, et en tenant compte de la richesse incroyable que j'en ai tirée plus tard, j'ai envie de dire à tous ceux qui se reconnaissent en lisant ces lignes qu'il existe plein d'autres voies pour les enfants qui n'« accrochent » pas à l'école.

Je sais qu'aujourd'hui la tentation est grande de la part d'adultes parfois déboussolés de considérer que leur enfant est malade s'il ne suit pas en classe ou s'il semble agité. Il paraît qu'aux États-Unis les médecins étiquettent ces difficultés de concentration sous le terme de « *Attention Deficiency Disorders* », et donnent aux enfants concernés des médicaments afin de les « calmer »... Pour ma part, je ne crois pas que ces écoliers méritent d'être catalogués à ce point, au risque de se voir enfermés dans leur attitude prétendument déviante... Ce n'est pas si grave, après tout !

Par ailleurs, il ne faut pas oublier que, bien souvent, l'école encourage un seul type d'intelligence, ou plutôt qu'elle nous conditionne comme si nous n'avions qu'une seule intelligence, alors qu'il en existe au moins sept, selon Howard Gardner [1]. Or qu'elles soient linguistique, logique-mathématique, musicale, corporelle, spatiale, interpersonnelle (capacité à comprendre les autres) ou intrapersonnelle (capacité à se connaître soi-même), chacune de ces intelligences représente une opportunité pour le petit humain, une occasion d'exceller dans un domaine ou un autre. Mais l'école ne valorise véritablement que les deux premières.

C'est pourquoi aux États-Unis se développe en ce moment un courant de pensée autour du « *Home Schooling* », c'est-à-dire « l'école à domicile ». Celui-ci permet aux enfants de découvrir des domaines très diversifiés. En France, on trouve un certain nombre de parents qui enseignent à leurs enfants les matières scolaires à la maison, leur donnant un équilibre de vie et une manière d'envisager l'apprentissage que je trouve très intéressante.

En ce qui concerne les problèmes d'attention et d'hyperactivité, si vous rencontrez de tels troubles chez votre fils ou votre fille (les garçons sont plus atteints par ces difficultés), peut-être pouvez-vous tenter d'y remédier en l'aidant à trouver son propre domaine d'excellence, quelque chose qui puisse lui valoir des compliments et lui redonner l'estime de soi. En tout cas, j'ai eu cette chance, et cela m'a « sauvé »...

---

1. Psychologue à l'université de Harvard, auteur de la théorie des intelligences multiples.

Rencontrer son domaine d'excellence

Cela s'est passé un peu avant mon adolescence. Peut-être ne devrais-je pas le dire, mais cette période, en plein milieu de la Seconde Guerre mondiale, fut la plus heureuse de ma jeunesse. Imaginez : nous formons une petite bande, mes deux frères, ma cousine, mon cousin et moi-même, tous sous la houlette de ma mère. Nous habitons dans une grande maison de location à Sorèze et nous allons tous à l'école dans une institution dominicaine où l'on enseigne l'équitation, considérée comme le sport roi.

Peu après la rentrée, en octobre, j'entre dans le manège pour la première fois. Mon cœur se met à battre devant ces animaux superbes, majestueux et gracieux à la fois. Je suis jeune, pas bien grand, et ils me dominent de toute leur stature. Mais lorsque, ce jour-là, j'obéis à l'ordre du maître et monte timidement sur l'un d'eux, me voilà tout à coup au-dessus des hommes, au-dessus de mes frères, à vrai dire au-dessus de tout. Je me tiens droit comme j'ai toujours aimé le faire, mes jambes de chaque côté de la selle. Je me sens, pour la première fois de ma vie, grand au lieu de petit et fort au lieu de faible. Je suis *fait* pour être sur un cheval ! J'ai trouvé mon domaine d'excellence…

Je ne satisfais probablement pas mon professeur de français, mais mon maître d'équitation, lui, déclare à ma mère : « Votre garçon est un cavalier né ! » Et je vois celle-ci sourire de contentement. Quant aux tableaux d'honneur sur lesquels je ne figure jamais, je les oublie bien vite face aux récompenses acquises grâce à mes exploits dans le manège.

Car je me retrouve toujours premier aux concours équestres. Et être premier dans cette discipline, à Sorèze, cela veut vraiment dire quelque chose ! L'établissement et le village tout entier se passionnent pour les chevaux, cela fait partie de la tradition. Je ne suis pas peu fier, et mon destin, c'est sûr, s'en trouve transformé pour le meilleur. J'ai enfin la possibilité d'éprouver de la confiance en moi, de chasser une partie de ma timidité et de me sentir estimé de tous. Je deviens plus posé, et me montre sûr de moi pour la première fois de ma vie. Quel changement dans la tête d'un enfant !

Je vous raconte cette révolution vécue à l'orée de mon adolescence pour que vous puissiez vous faire une idée de la puissance transformatrice d'un domaine d'excellence enfin trouvé. C'est à ma connaissance le plus sûr moyen de placer le jeune dans une nouvelle position par rapport à sa vie. Celle du vainqueur, et non de la victime. Celle de celui qui se bat, et non de celui qui subit.

Parents qui me lisez, soyez forts avec votre enfant, donnez-lui des repères et respectez-les. Montrez-lui le chemin en l'empruntant vous-mêmes. C'est toute notre civilisation qui repose sur l'éducation que vous saurez lui donner...

Quelques suggestions

— Si vous avez un enfant, un neveu, une nièce ou un proche en difficulté, faites le tour avec lui de toutes les activités proposées près de chez lui. Donnez-lui une chance d'essayer. N'hésitez pas à aller plus loin, dans un autre quartier, ou à trouver d'autres sports ou loisirs. Cela vaut la peine de lui faire expérimenter différentes possibilités.

— En guise de clin d'œil, voici une liste (loin d'être exhaustive) des cancres qui ont « bien tourné » : Napoléon

Bonaparte, Winston Churchill, Léonard de Vinci, Pablo Picasso, Jean Cocteau (qui était toujours en sixième à vingt ans, ses parents ayant suffisamment d'argent pour l'inscrire chaque année dans une école privée, alors qu'il n'y mettait jamais les pieds), Sacha Guitry, Agatha Christie et... Albert Einstein.

– XVI –

LE CERCLE

« Notre tête est ronde pour permettre à la pensée
de changer de direction. »

Francis PICABIA

Flaine encore, en 1992. Dans la nuit calme et fraîche de la montagne, notre petite troupe est réunie autour d'un feu de camp. Je demande aux enfants :

— Vous sentez comme vous êtes en train de vous réchauffer ?

— Oui ! me répondent les gamins, ravis de partager ce moment.

— Avez-vous remarqué que tout le monde est au chaud, même si nous sommes nombreux ?

Les mômes se jettent des coups d'œil pour s'assurer que oui, nous sommes tous bien au chaud. Personne n'est laissé de côté. J'interroge de plus belle, heureux de mon rôle d'animateur :

— Pourquoi ?

— Parce qu'on forme un cercle, et qu'il n'y a pas de côtés ! claironne un petit brun, tout fier.

— Exactement ! Il n'y a ni droite, ni gauche, donc, tous nos visages sont tournés vers le feu, et nos derrières sont froids !

Les enfants éclatent de rire. Quant à moi, je pense que c'est une bonne leçon pour les politiques, et une aubaine pour le dyslexique que je suis : pas de problème d'inégalité… ni de latéralité. Vive le cercle !

Ce soir-là, nous avons terminé la veillée assez tard : chacun, à tour de rôle, racontait une histoire à propos de ses amis, de ses parents, de son quotidien. Drôles souvent, tristes parfois, les mots composaient une ode à la vie de ces gamins si différents. Le cercle, dans sa dimension de « prise de parole », était devenu magique.

Aucun d'entre nous, si vous nous aviez interrogé le lendemain, ne vous aurait dit que le cercle était fermé. Pas du tout. Il s'étendait bien au-delà de son périmètre, il embrassait toutes les existences et les pays dont il avait été question en cette nuit de confidences. Le cercle permettait de voir plus loin, ailleurs, chez les autres. Mais pas seulement : comme chaque phrase énoncée devant le feu avait trouvé un écho en soi, il nous avait aussi permis de mettre de la lumière dans nos cœurs, et peut-être bien de comprendre deux ou trois choses que nous aurions oubliées ou jamais vraiment prises en compte. Voilà, nous étions à la fois à l'intérieur et à l'extérieur, mais la forme qui rendait cela possible s'appelait un cercle, et pas un carré, ni un triangle…

Les chevaliers de la Table Ronde ne s'y étaient pas trompés ; pas plus que les hommes et les femmes du néolithique, qui traçaient des formes concentriques sur les grottes et les gravaient dans les pierres ; pas plus que les Bretons et les Irlandais dont les « croix celtiques » sont ceintes d'un anneau.

Pas plus que vous, si votre table de salle à manger est ronde parce que vous avez remarqué à quel point la communication est plus facile et l'énergie plus fluide lors des repas. Et Dieu sait que c'est important, des repas pris en commun, ces moments d'échange qui construisent les familles.

Pas plus, enfin, que les Indiens d'Amérique, qui ont fait du Cercle de Vie une cosmogonie, un système entier de représentation de l'univers extrêmement riche qui contribue à la construction de la personnalité.

Une de mes relations a vécu une expérience particulièrement forte dans cet univers. Partie travailler quelque temps aux États-Unis, elle s'est retrouvée par une succession de hasards dans une *Sweat Lodge* (loge de purification). Pour les Indiens d'Amérique, la purification donne lieu à une cérémonie, l'*Inipi*. N'oublions pas que cette civilisation conserve vivante la tradition du chamanisme, première religion humaine.

Pourquoi est-il crucial de se purifier ? Je suis loin de maîtriser les arcanes de ces rituels, mais je sais que les Indiens d'Amérique accordent beaucoup d'importance à la cohérence interne, à l'authenticité vis-à-vis de soi-même. Pour y parvenir, il faut donc se libérer de ses pensées négatives, et des diverses scories de son esprit. À cet effet, ils possèdent un bel adage que je trouve très vrai et que j'ai adopté : *Walk your talk*, ou « marche ta parole », autrement dit, fais ce que tu dis...

On retrouve d'ailleurs cette nécessité d'être fidèle à sa parole dans toutes les civilisations de l'oral. En Afrique, les sages initiés ne pouvaient exercer leur art s'ils avaient menti. « Le mensonge, pour eux, est non seulement une tare morale, mais un interdit rituel », nous raconte Amadou Hampâté Bâ. Un homme sans parole est mis au ban de ces sociétés-là… On dit d'ailleurs qu'« un homme sans parole est un homme mort », car la parole est le lien entre Dieu et les hommes.

Sweat Lodge au Nouveau-Mexique

Mon amie se souvient particulièrement bien de ce jour de février qui la vit arriver au cœur de la forêt où avait lieu la cérémonie. Elle se déshabilla en pleine nature, revêtit une ample robe et pénétra à l'intérieur d'un tipi. Au centre, un trou où avaient été placées des pierres chauffées auparavant dans un gros brasier. Dans l'espace obscur, plusieurs personnes assises en cercle et en tailleur autour de l'orifice transpiraient à grosses gouttes. Et voici le récit de mon amie…

« Je ne connaissais personne et me sentais très intimidée. Il régnait une sorte de silence dans la tente, seulement troublé par les petits bruits de la forêt : chants d'oiseau, vent dans les branches… J'étais la dernière à prendre place dans le cercle et une fois que je fus assise, la cérémonie débuta. Une pipe sacrée commença de circuler, bourrée de tabac préalablement béni et chargé de prières, son petit culot rougeoyant dans l'obscurité. Heureusement, ce n'était pas encore mon tour. J'eus ainsi le temps de m'habituer à l'ambiance très particulière, empreinte d'écoute et de respect, qui régnait dans ce lieu. Nous n'étions que des étrangers, et pourtant nous perpétuions un rituel vieux de plusieurs milliers d'années, censé rassembler les membres d'une même tribu, hommes ou femmes, suivant les ethnies, afin qu'ils communiquent sur des sujets qui leur tenaient à cœur, tant individuellement – dans le cas de conflits par exemple – que pour le bien de la communauté. Ce rituel de purification était donc doublé d'une pacification.

» Et nous étions ensemble, peut-être pour plusieurs heures. Qu'allions-nous pouvoir nous dire ? Très rapidement, je fus surprise de la qualité des paroles de chacun. De leurs révélations très intimes, aussi, qui auraient pu me mettre mal à l'aise, mais il n'en était rien. Je n'éprouvais ni curiosité malsaine, ni ennui. Juste de la compassion et de l'intérêt réel pour ces gens différents, d'une culture relativement éloignée de la mienne, parlant une langue que je comprenais mais dans laquelle je n'avais pas été élevée. Les idées s'enchaînaient, claires, portées par les voix des participants qui, à chaque fois qu'ils héritaient de la pipe au long manche et au petit culot, s'en saisissaient le plus naturellement du monde et commençaient à parler.

» Vint mon tour. J'eus peur de parler "vide". Il n'en fut rien : moi aussi, je fus étonnée des idées que je parvins à exprimer. Elles reflétaient bien l'état d'esprit qui m'animait à l'époque, mes interrogations, et mes envies profondes. Ce ne furent pas des confidences, mais des réflexions véritables, du ressenti profond. Je livrais tout en vrac, sans retenue. Ma parole fut accueillie, et le calumet passa en d'autres mains. Le cercle, le tipi, le rituel, tout avait parfaitement fonctionné pour moi. Je me sentais libérée d'un grand poids en sortant. J'avais l'impression d'être comme neuve, et de mieux savoir ce que je voulais dans la vie. Par la suite, cette *Sweat Lodge* est restée dans mon esprit, me tranquillisant quand j'y revenais en pensée. »

Le cercle, c'est tout un état d'esprit. Du chamanisme à la parité – tous égaux dans le cercle –, il n'y a qu'un pas. Une chose est sûre, dans une telle configuration, un groupe d'individus donné brasse une énergie commune qui l'enrichit. La somme réelle de tous les éléments autour du cercle est bien supérieure à leur simple addition mathématique : ils échangent, ils vibrent ensemble, ils peuvent produire de belles idées et de beaux actes. Et même si l'on n'est pas physiquement en cercle, il suffit alors de se réclamer de sa forme. J'en ai particulièrement conscience lorsque je travaille avec des musiciens, compositeurs et paroliers. Et je peux vous dire que dans tous les cas, chacun est gagnant.

Mon amie, au sortir de cette expérience, s'est passionnée pour la Roue de Médecine. Celle-ci représente le cosmos aux yeux des tribus amérindiennes depuis que leur monde est monde, et elle n'a pas grand-chose à voir avec la médecine telle que nous l'entendons dans la civilisation occidentale. Car elle s'applique avant tout à l'esprit.

La Roue de Médecine

Pour mieux vous faire comprendre la Roue de Médecine, imaginez que vous êtes au centre d'un cercle traversé par quatre directions. Pour vous en convaincre, trouvez un endroit où vous avez une vue à trois cent soixante degrés sur la nature. Ce n'est pas si évident, mais au sommet de collines, parfois, on a ce genre de vue. Mon amie, elle, a eu la chance d'être emmenée à Chaco Canyon, à quatre heures de route de Santa Fe, au Nouveau-Mexique.

Chaco Canyon, devenu parc national, fut le refuge d'une civilisation établie entre 500 et 1700 de notre ère. Au centre du canyon, une rivière a creusé son lit, et des strates rocheuses l'entourent. Ce sont pour la plupart des *mesas*, sorte de « tables » rocheuses de plusieurs kilomètres de surface, qui surplombent la vallée aux tons ocre et roses. Le paysage semi-désertique est agrémenté de quelques plantes grasses et sauvages. C'est dans un tel site que mon amie m'a dit s'être sentie au centre de sa roue.

Je vous propose de vous y transporter mentalement vous aussi…

La *mesa* sur laquelle vous avez pris pied après une marche escarpée se situe à environ trois cents mètres de hauteur, et, d'où vous êtes, vous voyez le ciel et la Terre à trois cent soixante degrés. En bas de la *mesa* s'élèvent les contreforts de pierre d'une immense maison en ruine. Il est tôt et le soleil est encore bas à l'horizon, devant vous. Vous regardez donc l'est – l'inconnu d'où nous venons pour nous incarner sur cette Terre, et aussi l'accès à l'esprit –, et derrière vous, l'ouest, qui vous rappelle la matérialité, le monde de l'incarnation. Ces deux directions forment un premier axe, est-ouest, représentant nos polarités masculin-féminin.

À votre gauche, le nord – les ancêtres, la sagesse et le mental –, et à votre droite le sud – l'enfance et l'émotion – évoquent la relation entre le passé et l'avenir. Mais ce n'est pas tout. La roue chamanique amérindienne comporte

225

encore une autre dimension : celle qui va du bas vers le haut, c'est-à-dire de la mère Terre vers le père Ciel, puisque, selon la tradition, nous sommes issus de leur amour.

Vous vous tenez donc au carrefour de toutes ces dimensions, au centre d'une roue aux plans multiples. « Au point de jonction entre l'énergie terrestre et l'énergie céleste, entre le masculin et le féminin, entre le passé et l'avenir. » Quelle incroyable situation ! Vous êtes, selon la tradition chamanique, « l'Arbre de Vie dont les racines bien ancrées dans la terre servent de soutien à sa ramure qui s'élance vers le ciel, projetant ses branches dans toutes les directions de la vie [1] ».

Cela ne vous rappelle rien ? Souvenez-vous des exercices suggérés dans les chapitres précédents... Il faut croire que ces symboles vivent dans nos mémoires depuis des milliers d'années et ne sont pas près d'en sortir...

En tout cas, cette philosophie nous relie à la nature à un moment où notre civilisation en a bien besoin. J'en veux pour preuve cette discussion que j'ai eue avec des jeunes, à propos du lever du soleil : aucun de mes interlocuteurs n'était capable de me dire où se levait cet astre. Est ? Ouest ? Légèrement mal à l'aise, je me suis alors interrogé sur les causes d'une telle coupure entre ces adolescents et le monde auquel ils appartiennent. Mégalopoles envahissantes ? Manque d'intérêt pour le monde de la nature au profit du tout-technologique ?

Quoi qu'il en soit, la Roue de Médecine, lorsqu'on se place en son centre, permet de conserver l'équilibre. En effet, vous est-il déjà arrivé de travailler follement pour

---

1. *Le Cercle de Vie*, Maud Séjournant, Éditions Albin Michel, 2001.

rendre un projet, et de vous trouver perclus de douleurs, comme si votre corps se rappelait à vous parce que vous l'aviez « oublié » ? Ne seriez-vous pas alors *trop* d'un côté de la roue (celui du mental) au détriment des trois autres ?

Vous pouvez à présent imaginer à quoi sert cette roue dans un premier temps, pour un esprit occidental : nous relier à la nature, parvenir à ne faire qu'un avec elle. Puis prendre conscience graduellement de notre position dans notre propre univers, et l'explorer dans toutes ses dimensions. Enfin, une fois ces étapes franchies, pouvoir prendre suffisamment de recul pour ne pas paniquer devant les imprévus et disposer d'une vision panoramique de notre existence.

Pour rentrer dans les détails et comprendre comment la Roue de Médecine peut enrichir votre vie, je vous conseille la lecture du très bel ouvrage cité plus haut, *Le Cercle de Vie*, récit initiatique d'une chamane… française !

Quelques suggestions

– Depuis combien de temps n'avez-vous pas assisté à un lever de soleil ? Allez dans la nature et laissez le charme agir. Imaginez-vous au centre de la Roue et recueillez vos impressions. Repensez-y le soir avant de vous coucher, et laissez la paix de ce moment vous envahir.

– Un chamane reconnu, Don Miguel Ruiz, nous donne des indications pour conduire notre vie selon les « quatre accords toltèques » :

- Être impeccable avec sa parole (*Walk your talk*).
- Ne jamais faire une affaire personnelle de ce qui nous arrive.

• Ne pas faire de suppositions, c'est-à-dire ne pas s'imaginer des choses en se projetant.

• Toujours faire de son mieux.

– Toujours d'après cet auteur, une telle attitude devrait nous permettre d'être plus en prise avec notre réalité intérieure, et plus en accord avec les autres. Pourquoi ne pas essayer de mettre en acte ces paroles pleines de bon sens ?

– Avant de vous coucher, repassez-vous le film de votre journée comme si vous étiez au cinéma. En faisant cet exercice, gardez à l'esprit cette question : aujourd'hui, avez-vous accordé de l'importance à ce qui était mental, émotionnel, physique, spirituel ? Dans quelles proportions ? Avez-vous oublié un côté de la roue ? Si oui, pensez le lendemain à emprunter le chemin que vous avez négligé la veille, pour rétablir l'équilibre.

– XVII –

FAIRE SON DEUIL

Pour nous sentir bien, nous avons tous besoin de mettre de côté les traumatismes qui, inévitablement, nous atteignent. Pas de route droite, nous l'avons déjà dit. Et une certitude : la seule chose qui ne change jamais, c'est le changement. Certains systèmes culturels ou religieux peuvent nous aider à faire face. Nous avons aussi notre façon propre de fonctionner par rapport à la perte d'êtres chers ou de tout ce qui ne manquera pas de nous faire défaut au cours de notre existence.

Certains êtres n'auraient jamais dû mourir si jeunes. Je le pense de mon frère Francesco et de ma sœur Pascale. Deux morts brutales, injustes.

La famille entière s'est sentie coupable du décès de Francesco. Ainsi en est-il des suicides : ils impliquent les survivants. Sa petite amie venait de quitter mon frère. Il était isolé au Canada, sur une terre où il n'avait pas ses racines, qui sait quelle faille s'est ouverte en lui ce jour-là, lui faisant commettre cet acte ultime à vingt-huit ans ? Et si nous avions été là, aurions-nous vu les signes précurseurs

229

qui auraient peut-être permis de le sauver ? L'annonce de sa mort fut un choc terrible, parce que mon Kako, comme je l'appelais, c'était mon père, mon guide. Et les interrogations qui me vinrent tout de suite à l'esprit ne m'ont jamais franchement quitté, même si, avec le temps, leur morsure s'est estompée.

Tout s'est ligué pour m'empêcher de mettre de l'ordre dans ma tête : son enterrement, auquel je n'ai pas pu assister, ce qui m'a privé de la première occasion, naturelle, de commencer mon deuil ; le silence de la famille et particulièrement de maman ; la vénération que j'éprouvais pour lui, pour sa voix sublime et sa chaleur particulière, unique ; et la culpabilité, intense : j'avais l'impression qu'il avait toujours été là pour moi.

Et moi, que lui avais-je donné en retour ?

Longtemps je me suis dit, pour me consoler, qu'il était parti en me sachant sur la bonne voie, marié avec une femme que j'aimais, papa d'une petite fille. En sachant, tout comme un père l'aurait pensé, qu'il n'avait plus à veiller sur moi puisque j'étais devenu grand. Je me suis dit cela. Mais cela n'a pas éteint mon grand sentiment d'injustice. Et je le pense encore aujourd'hui : Kako n'aurait pas dû mourir.

Dans le cas de Pascale « Audret », ma sœur, je n'ai pas réagi comme pour la mort de Kako. Un accident de voiture, c'est soudain, mais moins culpabilisant qu'un suicide. Et elle avait cinquante-huit ans, toute une vie derrière elle, qu'elle menait tant bien que mal. Elle laissait néanmoins une fille, Julie. J'aimais tendrement ma petite sœur, et je pense souvent à elle.

Et puis il y a les morts auxquelles on s'attend. Celle de maman, même si elle était encore jeune au regard de l'espérance de vie des femmes (elle avait soixante-quatorze ans), était dans l'ordre des choses et s'est faite plus graduellement.

Plus tard, il y a eu les amis. Georges Brassens, mort d'un cancer de l'intestin à l'âge de soixante ans, rapidement. J'avais tellement d'admiration pour lui que, de ma vie, je n'ai jamais réussi à lui adresser la parole bien que je l'aie plusieurs fois croisé. Mais je le compte parmi les amis, parce que lui aussi était un guide pour moi, d'un autre genre bien sûr que Kako. Je me suis senti très triste quand il est parti. Son intelligence et sa sagesse avaient cessé d'éclairer le monde...

Enfin, Coluche. Brutalement. Frappé en plein vol. Le fou du roi, le trublion toujours en opposition s'est fracassé contre un camion le 19 juin 1986. Nous étions amis. Grâce à son rire, il me semblait que nous étions libérés des carcans, des structures, du quotidien.

« Faire son deuil » est devenu une expression à la mode qui recouvre une réalité très simple : pour continuer de vivre harmonieusement quand on est frappé de plein fouet par l'inacceptable, certains raisonnements peuvent être élaborés, certains mots peuvent être dits, et certaines actions effectuées.

Les objets de transition

Quand Coluche a disparu, je me suis dit que j'aurais aimé posséder un petit objet lui ayant appartenu, cela m'aurait certainement permis de tourner la page plus facilement...

Un objet ayant appartenu à l'être cher, c'est très important. Comme une transition entre le moment où la personne était là et celui où elle a disparu. Cela permet de s'habituer, d'y penser de temps en temps, de s'y réfugier parfois. C'est, vous l'aurez deviné, ce qui m'a manqué avec Kako, dont les affaires ont été malheureusement perdues. Il me reste seulement sa photographie, qui se trouve toujours dans ma loge à chaque concert.

Je conserve aussi religieusement ce double décimètre en ivoire qui m'a été offert par la veuve de mon professeur de lettres au lycée français de Madrid, M. Gagnaire. Et chaque fois que mon regard se porte sur la règle, je revois son visage empreint de bonté.

Depuis toujours, l'homme donne un sens spirituel aux objets. Les archéologues ont retrouvé d'extraordinaires silex taillés, des chefs-d'œuvre qui n'auraient jamais pu servir à la chasse, enterrés il y a plus de dix mille ans. Ils témoignent de l'existence d'une forme de religion à un âge de l'humanité où les mammouths paissaient encore sur notre planète. Ce qui est fabriqué par la main de l'homme est, dans une certaine mesure, sacré. Et posséder un objet ayant appartenu à un disparu, c'est retenir un peu de son âme auprès de nous, comme nous le racontent les animistes depuis des millénaires.

Voilà, en tout cas, une première étape vers le deuil.

Et je conserve à l'esprit, en préparation de mon départ, les préférences de mes enfants et petits-enfants : je saurai leur laisser tel ou tel objet qui a provoqué leur admiration pour des raisons qu'eux seuls peuvent comprendre. Ils auront ce petit bout de moi, ce souvenir, en lien avec notre relation.

Être là aux derniers instants

Avoir été présent pendant les dernières semaines de la vie d'une personne, ou lui avoir parlé, ou encore lui avoir transmis un message, ces actes permettent de faire le deuil bien plus harmonieusement.

Un exemple. Une femme avait eu, dans le passé, un amant qu'elle n'avait pas revu depuis longtemps. Elle apprit, par un membre de sa famille avec qui elle était restée en contact, que son ancien amant allait mourir. Elle eut un choc : cet homme marié avait désormais à peine plus de cinquante ans, et surtout, il était le premier à lui avoir fait prendre conscience de sa valeur.

Sachant qu'elle ne pourrait ni l'approcher, à cause de sa femme, ni venir à son enterrement, elle eut l'idée de lui faire parvenir un message par son frère. Qui le lui répéta mot pour mot. Elle put ainsi dire adieu avec tout son cœur, mais par personne interposée, à cet homme qu'elle continuait de chérir. Il disparut quelques semaines plus tard. Elle le regretta, mais elle avait déjà, dans une certaine mesure, commencé le travail de deuil.

Se tourner vers le Ciel

Faire son deuil, c'est se tourner vers les forces spirituelles. Je ne crois pas en Dieu, et pourtant il m'arrive d'être dans un « état spirituel ». À l'exemple d'André Comte-Sponville dans son dernier livre *L'Esprit de l'athéisme : introduction à une spiritualité sans Dieu*[1], je crois que

1. Éditions Albin Michel, octobre 2006.

l'homme a naturellement besoin d'élever son esprit vers la nature, vers le ciel, vers ce qui est plus grand et plus éternel que lui, et que cela ne présuppose pas l'existence d'un ou de plusieurs dieux.

En revanche, cet état d'esprit nous permet de nous abstraire du monde, de prendre du recul par rapport à notre vie, de nous tourner vers nous-même, de comprendre nos blessures intérieures et peut-être même celles de personnes qui nous ont heurté à un moment ou à un autre. Bref, ces instants nous mettent en rapport avec le meilleur de nous-même, et permettent d'avancer.

La mort d'un aimé étant inacceptable, nous avons besoin de nous tourner vers le principe éternel en nous, autour de nous, ou en Dieu. J'ajouterai que le deuil peut être celui d'un amour qui nous a quitté, d'une idée de soi que nous avions et qui se révèle fausse, d'un travail dont nous venons d'être plus ou moins brutalement congédié. Dans notre société où tout va tellement vite, dites-moi combien de minideuils nous sommes obligés de faire au fil des jours : une prise de position d'un ami qui découvre un aspect de sa personnalité qui flanque par terre l'estime que vous aviez pour lui, un collègue en qui vous aviez toute confiance et qui vous a trahi, ou tout simplement le bistrot où vous preniez votre café du matin qui disparaît, un objet symbole cassé. Même les pertes anodines en apparence vous obligent à un renoncement. Nous devrions prendre une minute pour les « traiter » en s'inspirant des principes du deuil : un objet symbolique, un retrait en soi pour comprendre, un acte rituel pour accepter et un moment pour « métaboliser ». Nous allons voir comment.

Le rituel de l'enterrement

Les obsèques remplissent plusieurs fonctions. Quand elles sont accompagnées d'une cérémonie religieuse, ou d'un moment de silence, elles permettent de rentrer quelques minutes en soi-même. Le plus fort, cependant, reste pour moi la mise en terre. Vous aurez remarqué que je ne parle pas d'incinération. Je ne comprends pas cette coutume, même si l'on peut m'opposer des arguments convaincants. Pour moi, il est important de retourner à la terre qui nous a nourri, et de la nourrir à notre tour.

Du reste, j'ai lu les résultats d'une étude sur ce sujet : les incinérations étant de plus en plus fréquentes (et admises par l'Église catholique depuis les années soixante), on a pu observer que les familles qui se contentent de disperser les cendres de leur parent font moins facilement le deuil que celles qui placent l'urne dans un endroit précis où elles peuvent venir se recueillir. Car nous ne pouvons faire autrement que d'imaginer les disparus dans un lieu terrestre bien à eux, où l'on peut venir les « voir » et « s'entretenir » avec eux. Cela peut paraître absurde, mais le lien qui nous unit à ceux que nous aimons est tel qu'il nous est impossible de les éradiquer de la planète où ils ont passé toute leur existence...

J'ai eu récemment connaissance d'une histoire étrange à ce propos. Un homme d'une quarantaine d'années perd un jour son père, décédé d'une crise cardiaque dans un pays éloigné. Comme je l'ai dit tout à l'heure, il est toujours plus difficile d'accepter la mort quand elle est soudaine. Mais ce qui rendait le deuil impossible pour cet homme, c'était le fait qu'il avait l'impression de ne jamais avoir rencontré son père, d'être en quelque sorte passé à côté de lui comme lui était passé à côté de son fils sans le voir.

Au grand dépit de la famille, le souhait du père était d'être incinéré. Ce qui fut fait. Au moment de venir prendre les cendres de son père pour les transférer au cimetière où la famille l'attendait, l'homme fit ouvrir l'urne et demanda que l'on prélève une petite partie des cendres, qu'il fit enfermer dans une urne miniature.

La cérémonie de l'enterrement eut lieu, l'homme rentra chez lui, commença par placer son urne personnelle près de son lit, puis la relégua dans un placard pendant... trois ans. Au bout de ce laps de temps, il commença par se sentir gêné d'avoir encore son père chez lui – c'est ainsi qu'il le ressentait –, et prit enfin la décision de s'en séparer. Je suppose qu'il lui avait fallu trois ans pour digérer cette mort importante et ne plus s'accrocher aux cendres du défunt de cette manière.

Le jour anniversaire du décès de son père, il prit l'urne et se dirigea vers la forêt. Au cœur de celle-ci, à un endroit peu passant, il pratiqua un petit rituel personnel. Il dispersa les cendres en marchant autour d'un arbre et en citant toutes les étapes de la vie du mort. Puis il enterra la petite urne vide au pied de l'arbre et rentra chez lui le cœur plus léger.

À partir de ce jour, la vie devint plus facile pour cet homme : il avait grandi et fait face à son deuil d'une manière personnelle et touchante.

Nous avons chacun notre manière de réagir, et il faut apprendre à se respecter soi-même et à aller au bout de ses actes.

Les enterrements, comme les incinérations, sont une occasion de se réunir ; et même si je n'adore pas cela (comme la plupart des gens !), je dois reconnaître que sentir la proximité des autres, quand on est dans la douleur, cela fait beaucoup de bien. C'est un peu une façon de proclamer que nous nous soutenons face à l'adversité, et que nous nous battons pour qu'elle recule. Cela nous replace au sein de la vie, alors que la mort nous faisait entrevoir l'inconnu et le néant.

Quand on est dans le malheur, un repas pris avec ceux qui « demeurent », une parole gentille, un coup de fil ou une lettre peuvent faire la différence.

Et une fois les cérémonies terminées ?

Donner et recevoir

Il y a, encore et toujours, les autres. Tout le monde sait que l'entraide est le meilleur des pansements, capable de transformer notre blessure en un peu de lumière pour nous et pour notre environnement.

Écoutez cette histoire que l'on m'a racontée... Contrairement à la chanson, elle ne se passe pas en Provence mais dans le nord de la France.

Par hasard, à cause d'une péritonite opérée d'urgence, une femme d'une quarantaine d'années apprend qu'elle a un cancer de la gorge. Elle a trois enfants et son mari est en mauvaise santé. Suit une période pendant laquelle on fait des examens, puis on essaie de traiter la maladie.

Un jour, le médecin lui met le marché en main : ou bien elle veut survivre et le chirurgien doit pratiquer l'ablation du larynx (laryngectomie), ou bien... Elle choisit, bien entendu, la première option, qui n'en est pas réellement une.

Un matin triste et gris, elle se retrouve donc sans son larynx, et en réanimation pour douze jours.

Lorsqu'elle rentre chez elle, elle est confrontée à toute l'horreur de la situation. Son larynx (qui sert à la fois à conduire l'air du nez aux poumons et à produire la vibration des cordes vocales) ayant été enlevé, elle a désormais à la base du cou une petite ouverture, le trachéostome, qui permet à l'air d'entrer directement dans la trachée. Pour une femme, on imagine facilement à quel point cela peut déprimer de se retrouver avec ce corps étranger planté sur le cou… De plus, elle n'a plus accès à sa voix, définitivement (alors qu'on lui avait certifié que c'était temporaire). Elle ne pourra « parler » à nouveau que dans six mois environ, et encore, si elle arrive à apprendre la nouvelle technique de voix œsophagienne. Mais jamais elle ne récupérera sa voix à elle !

Il y aura désormais pour elle un avant : la liberté de communiquer, de se baigner, de respirer, de courir, de se faire belle – tout ce que nous considérons comme normal. Et un après : plus jamais de bains de mer ; une protection en plastique pour prendre une simple douche ; un danger réel dans les lieux publics (fumée, pollution) ; de l'essoufflement après quelques pas un peu rapides ; des problèmes de communication parfois insurmontables, car les gens ont du mal à comprendre ce son issu des profondeurs de l'œsophage, qu'il n'est pas possible de maîtriser aussi bien que la phonation habituelle ; une atteinte à la féminité, à l'identité même.

Marie-Christine – je la cite car je veux rendre hommage à son courage et à celui de tous les laryngectomisés – réalise alors le deuil incroyable qu'elle va devoir faire : dire adieu à cette personne active, travailleuse, pleine d'entrain qu'elle était autrefois et faire face au regard des autres et à de terribles contraintes *pour le reste de sa vie.* Mais ce n'est pas fini : entre-temps, son mari décède d'un cancer à la suite d'une pathologie du travail. Nouveau et terrible deuil pour Marie-Christine…

Une aide : ses enfants, pour qui « l'essentiel, c'est que tu sois en vie, maman ! ». Des obstacles : les voisins qui se détournent, les amis qui la délaissent… Plus tard, sa belle-fille refusera de lui montrer son petit-fils car elle juge Marie-Christine « handicapée », et elle pourrait « faire peur au petit » ! Certaines personnes ne se rendent vraiment pas compte de la cruauté qu'elles déploient simplement par manque de courage. Avec tout cela, comment faire le deuil de ce qu'elle a été et ne sera plus jamais ?

Pourtant Marie-Christine décide de ne pas baisser les bras. Elle veut se battre. À défaut de retrouver son ancienne vie, elle peut donner sens à sa nouvelle existence.

C'est alors qu'une rencontre va changer sa vie. La présidente de l'Association des mutilés de la voix dans sa région, le Nord-Pas-de-Calais, lui est présentée. Cette femme lui redonne aussitôt courage et la pousse à faire la connaissance d'autres personnes laryngectomisées. Marie-Christine peut enfin s'exprimer sans crainte d'être jugée, et, selon ses mots, c'est « comme une thérapie ». Elle revit. Elle a l'impression d'avoir trouvé une seconde famille. Et petit à petit, elle s'implique dans l'entraide. Elle devient bénévole, s'occupe de ceux qui sont dans un état plus grave qu'elle et y trouve largement son compte. Elle affirme même : « J'ai de la chance ! Je vois plus clair, je conduis, je jardine chez moi, je mange normalement… »

Ce qui l'a fait passer de l'amertume à l'acceptation, voire à l'entrain certains jours, c'est le don de son temps, de ses soins, de son attention. C'est de s'être mise en relation avec les moins bien portants, ceux qui avaient besoin d'elle.

Bien sûr, elle n'apprivoisera jamais tout à fait cet instrument qui l'oblige à porter des cols roulés et à vivre différemment des autres. Mais au moins, elle a une vie riche. Elle se sent *utile*. Et elle l'est !

En fin de compte, je crois qu'il n'y a pas de plus puissant élixir de bien-être et de longévité que le don. Quoi qu'il arrive, celui qui donne n'est jamais perdant. Il transporte autour de lui une atmosphère bienfaisante pour les autres, et parce qu'il transmet, il reçoit en échange.

Métaboliser

Cependant, le dernier stade du deuil d'une personne se fait la plupart du temps en *amalgamant* cette personne à nous-même. Cela arrive souvent après le décès d'un proche parent. Nous ne faisons en cela que reprendre le cours de la vie normale, mais en plus intense. Je m'explique : nous avons tous intégré jusqu'à un certain point ce que nous disaient nos parents quand nous étions petits et plus tard dans la vie. Cela a pénétré notre inconscient et nous n'y prenons pas garde : nous raisonnons comme eux sur certains points, nous vivons comme eux ou en opposition à eux, mais toujours par rapport à eux.

Après leur disparition, il n'est pas rare que nous nous surprenions à penser : « Tiens, je fais ça comme lui, ou elle », « Je me demande ce qu'il ou elle en dirait », « Là, il ou elle aurait certainement eu gain de cause »… Et le tour est joué : nous sommes en quelque sorte habités par notre cher disparu, qui continue d'exister à travers nous. Sans, d'ailleurs, que cela nous pose le moindre problème. Bien au contraire, cela nous permet de vivre jusqu'à la fin de notre existence notre relation privilégiée à cet être. Cela nous fait du bien, sans l'ombre d'un doute. Et cela représente l'ultime forme du deuil : ce qu'on pourrait appeler en termes savants la « métabolisation ».

Faire le deuil d'une personne, d'une idée, d'une position sociale ou d'un objet demande qu'on s'y arrête et que l'on se prenne en main comme si l'on était un petit enfant. Nous devons bien garder à l'esprit que notre partie intime, archaïque, infantile, se trouve toujours touchée en premier quand il y a une perte. Cette partie qui nous dit qu'on ne nous aime pas, qu'on ne vaut rien et que c'est de notre faute, il ne faut pas la laisser nous détruire.

Au contraire, se donner les moyens de reprendre pied, cela peut être quelque chose de simple, comme un petit rite que l'on s'inventerait pour l'occasion, un récit que l'on écrirait pour se confier, une chanson qu'on inventerait ou qu'on écouterait. Mais surtout, inclure l'autre dans notre vie, lui parler, aller vers lui, voilà qui aide à tourner définitivement la page.

Quelques suggestions pour les minideuils

– Pensez à toutes vos déceptions de cette semaine. Prenez le temps de les rassembler devant vos yeux, comme si elles étaient des poupées russes. Quelle est la plus grosse ? Dans quelle mesure est-elle inéluctable ? Quels espoirs portait-elle en elle ? Était-ce le bon moment de les réaliser ?

Est-ce que vous êtes sûr que, de cette déception, il ne va pas sortir quelque chose de mieux encore ? Qu'avez-vous perdu ? Que risquez-vous de gagner ? Pouvez-vous saisir cette déception en pensée sous la forme de cette poupée et la ranger tranquillement sur une étagère imaginaire, où elle trouvera sa place ?

– XVIII –

VIEILLIR « JEUNE »

*« En Afrique, un vieillard qui meurt,
c'est une bibliothèque qui brûle. »*

Amadou HAMPÂTÉ BÂ

J'ai commencé cet ouvrage en rapportant ces paroles que j'entends souvent : « Hugues, tu ne fais pas ton âge. » En écrivant les pages que vous venez de lire, j'ai donné quelques recettes de bon sens qui m'ont aidé à conserver ma forme. Je vais maintenant vous parler d'un état que je vis statistiquement, mais que je ne ressens pas car je n'ai pas l'âge de mes artères…

Qu'est-ce que la vieillesse ?

Dans notre civilisation, c'est un état peu recommandable. Que ce soit à travers le mot du général de Gaulle : « La vieillesse, quel naufrage ! » ou en observant la façon dont on s'occupe des personnes âgées du point de vue de la santé

243

et de la reconnaissance sociale, force est de constater que quelque chose ne tourne pas rond chez nous.

Pour établir un point de comparaison qui peut-être vous éclairera, je suis allé chercher du côté de l'Afrique, la terre de la sagesse. Voici ce que j'en ai rapporté.

La vie, selon les Bambaras et les Peuls au Mali, est divisée en cycles de vingt et un ans, eux-mêmes divisés en cycles de sept ans. Nous avons déjà évoqué le premier cycle, celui des enfants. À vingt et un ans, la période d'enseignement et d'éducation est révolue. « Entre vingt et un et quarante-deux ans, l'homme approfondit les connaissances déjà reçues. À partir de cet âge, l'individu devient enseignant à son tour et doit, jusqu'à l'âge de soixante-trois ans, restituer à d'autres ce qu'il a reçu. Après soixante-trois ans, il est un être accompli, libre de continuer à enseigner, ou de s'arrêter [1]. »

Amadou Hampâté Bâ donne de ce dernier âge une définition que l'on pourrait qualifier de poétique, si elle ne reflétait un savoir très précis : « Le vieillard est celui qui connaît le visible et l'invisible, qui est l'oreille de la brousse : il entend le langage des oiseaux, lit les traces des animaux sur le sol et les taches lumineuses que le soleil projette à travers le feuillage. Il sait interpréter le bruissement des quatre grands vents et des quatre vents secondaires ainsi que la marche des nuages à travers l'espace, car pour moi tout est signe et langage. »

Autrement dit, le vieux est un sage.

Ce qui signifie également... qu'il n'est pas forcément vieux ! « Qu'est-ce que la vieillesse ? écrit aussi Hampâté

---

1. *Amadou Hampâté Bâ, homme de science et de sagesse, op. cit.*

Bâ. C'est une chose bien relative. Dans la tradition, on peut appeler "vieux" un jeune homme de quinze ans, pour peu qu'il se soit réalisé spirituellement et moralement, et qu'il possède la sagesse. On dira de lui : "Il a vieilli." À l'inverse, un vieillard de quatre-vingts ans mentalement décrépit sera considéré comme un enfant. »

Dernière définition africaine : le vieillard, c'est celui pour qui la parole est vie, et qui donne sa parole comme on donne sa vie.

Notons que toutes ces définitions sont axées sur l'être et non sur le paraître.

Alors que chez nous...

Un vieillard est surtout défini par ce qu'il ne peut plus faire et ne peut plus être : jeune, beau, actif. Par rapport à des critères extérieurs qui sont l'apparence et l'utilité sociale. Il est vrai qu'à partir de cinquante ans, il devient quasiment impossible de retrouver du travail si l'on a été licencié. À moins de fonder sa propre structure, et de tenter de prouver à la société qu'elle se trompe et que l'apport d'une femme ou d'un homme senior à une entreprise, quelle qu'elle soit, est infiniment précieux.

On essaie bien de protester contre ce diktat en réhabilitant le rôle des grands-parents, par exemple, ou en expliquant que l'expérience est une richesse ; mais personne n'y croit vraiment. Dans une société où l'argent est de plus en plus l'unique valeur, on met de côté l'apport des plus vieux parce que les jeunes, à court terme, coûtent moins cher à l'entreprise et à la société. On ne voit pas à long terme. C'est que, dans notre monde, les valeurs sont tellement éloignées de la nature et de *notre* nature que l'on observe une course sans fin à qui paraîtra le plus jeune.

*
* *

Quant à la manière dont les personnes âgées sont traitées à partir du moment où elles deviennent dépendantes, c'est proprement scandaleux. Il y aurait beaucoup à dire sur les pratiques qui ont cours dans les maisons spécialisées. Celles-ci disposent d'une véritable position de force, puisque la demande est nettement supérieure à l'offre, et que cela n'est pas près de s'arranger... À croire que les maladies de nos civilisations occidentales comme les cancers ou Alzheimer se plaisent à invalider la progression constante de notre espérance de vie.

Tout le monde se souvient, bien entendu, du fameux été 2003 où la France réalisa brusquement que des milliers de personnes âgées étaient mortes des négligences d'un système qui ne les prenait pas suffisamment en compte. Ce fut un choc, salutaire à mon avis, reflétant jusqu'à l'absurde de la mort la place que nous accordons à la vieillesse.

Mais nous ne sommes pas là pour récriminer. Simplement pour constater. Et pour envisager des solutions.

Je me souviens de cet ami qui habitait une grande maison à la campagne. Il avait refusé d'envoyer sa mère dans une maison de retraite, malgré son grand âge. À plus de quatre-vingt-dix ans, la vieille dame mettait toujours le couvert et faisait le tour du jardin à pied : elle était chargée de signaler à son fils l'état des plantes et tous les travaux d'entretien nécessaires. Elle avait la sensation d'être utile et cela suffisait à la maintenir en vie. En vie et bien portante. Elle était entourée et elle avait sa place. Elle mourut à presque cent ans.

Tel est le secret du grand âge. Pour ce qui nous concerne, nous pouvons changer assez facilement la manière que nous avons de traiter nos personnes âgées. Car ne vous y trompez pas, si vous détestez les vieux, vous vous détesterez vous-même en vieillissant. Alors commencez le plus tôt possible à les aimer.

Cela peut commencer par un simple regard : ces « ancêtres » que vous voyez passer dans la rue et qui parfois vous agacent un peu parce qu'ils sont lents, pourquoi ne pas les considérer d'un autre œil ? Comme des êtres d'expérience, dépositaires d'une connaissance du passé et de mille et un savoirs qui vous seraient bien utiles ? Pourquoi ne pas s'inspirer de l'Afrique et des autres civilisations où la vieillesse est considérée avec respect, et même vénération. Je pense aux Indiens d'Amérique et à leur conception des anciens qui dirigent tout le clan par leur expérience, leur savoir-faire et leur savoir-être. Les vieux sont dépositaires du passé et de la tradition orale de ce peuple, et à ce titre, ils possèdent beaucoup de pouvoir. Ils sont craints et respectés.

Notre civilisation à nous ne donne plus suffisamment la parole à l'expérience.

Et vous qui êtes en âge de représenter cette sagesse, pourquoi ne pas la faire valoir aux yeux de vos proches, pourquoi ne pas l'utiliser pour les aider ?

Je connais un couple qui, ayant peu de famille, a décidé de devenir « grands-parents » pour des enfants qui n'en avaient pas, par le biais d'une association qui s'occupe de mettre en relation les enfants et leur future « famille ».

Cette nouvelle responsabilité comportait un certain nombre de sorties et de week-ends avec l'enfant parrainé. Une aide très précieuse pour une maman en difficulté après un divorce. Et très constructive pour une enfant en quête de repères. Ils en ont retiré beaucoup de joie.

La jeunesse ne tient pas à un simple lifting

Au cinéma, on ne compte plus le nombre d'actrices qui se sont fait lifter. Elles ont souvent la bouche tuméfiée et tordue, les joues rebondies, et elles jurent qu'elles se sentent mieux dans leur peau. Je ne dis pas ça pour les critiquer, j'ai bien compris que ce n'était pas tout à fait un choix de leur part : la pression est si forte autour d'elles ! Grâce à ces subterfuges, elles peuvent continuer à apparaître sur les écrans et à exercer le métier qu'elles aiment.

Malheureusement, ne dit-on pas, en sortant d'une salle de cinéma : « Elle joue bien, cette actrice, mais c'est fou ce qu'elle a vieilli ! » Nous sommes donc nous aussi partiellement responsables de cette pratique.

Il n'empêche que, récemment, j'ai entendu une réflexion qui m'a beaucoup amusé. En parlant des actrices « retendues » et du fait que nombre d'entre elles étaient « ratées », une femme lançait à une autre : « Tu vois, moi, ça ne me dit rien qui vaille, ces liftings… S'ils loupent les stars alors que celles-ci sont censées être des vitrines de l'art du plasticien, que vont-ils faire de nous, pauvres anonymes ? Je préfère ne pas l'imaginer ! »

Moi, j'ai fait mon choix il y a bien longtemps. J'ai accepté mes cheveux blancs, qui font maintenant partie intégrante de ma personnalité. J'ai pleinement accueilli cette mutation de moi-même et je n'ai jamais eu d'arrière-pensée à ce sujet...

Cela dit, nous avons tout de même envie de conserver notre corps en bon état le plus longtemps possible ! Alors il faut y veiller, en lui faisant pratiquer des activités qui le maintiennent en forme. Natation et marche rapide semblent alors faites pour nous encore plus qu'autrefois.

Et la nourriture doit se mêler au programme. Il s'agit de privilégier les sempiternels légumes, les pains complets et autres fibres, ainsi que des vitamines et oligo-éléments qui combattent les radicaux libres, nos ennemis déclarés. Ces suppléments sont connus et en vente libre, il ne faut donc pas s'en priver : la A, la C, la E, le sélénium et le zinc sont particulièrement efficaces. Attention : il vaut toujours mieux demander conseil à votre médecin traitant. Consommer des Oméga-3, que l'on trouve majoritairement dans les poissons gras et l'huile de lin, est également très bénéfique.

Enfin, à proscrire plus que jamais : le café, l'alcool et le sucre, ainsi que les farines blanches et le riz blanc. Tout cela pour éviter les fléaux de l'inflammation et de l'oxydation, entre autres. Si vous souhaitez plus de précisions, et je vous y encourage, je vous conseille l'excellent ouvrage du Dr Claude Chauchard, *Trente jours, dix ans de moins sans chirurgie* [1].

---

1. Éditions Michel Lafon, 2004.

Le secret ultime, à mon sens, c'est de ne pas tomber dans le panneau des apparences. Il est normal que le corps vieillisse, ce phénomène est inéluctable, mais c'est notre « moral » qui commande. C'est lui qui nous permet d'apprécier la vie et, bien plus, lui qui possède une influence déterminante sur la santé. Ce fait n'est plus discuté maintenant, puisqu'on s'est aperçu, par exemple, que la guérison des patients était bien plus rapide et complète si le moral souriait que s'il était en berne.

Donc, le but ne serait pas de paraître plus jeune, ou de ne pas vieillir, mais plutôt d'en profiter pour atteindre une certaine harmonie, d'aller chercher des vérités en soi, de communiquer nos acquis à notre entourage.

Et aussi…

D'éprouver du plaisir, de l'envie, d'être passionné, intéressé, ému par ce que nous faisons et par les gens avec qui on le fait. D'aimer sa famille et de lui être dévoué. De s'occuper des enfants. De donner de son temps à ceux qui en ont besoin, comme nous l'avons vu au chapitre précédent. De vivre le présent de manière intense. De célébrer la vie en la chantant !

Et cela, chacun a sa façon à lui de le faire.

Transmettez

De même qu'on prépare sa vieillesse quand on est jeune, on prépare sa mort quand on est vieux. Parce qu'à ce moment de la vie, on y pense évidemment bien plus qu'à vingt ans, même si certaines personnes s'y prennent très à l'avance.

J'en suis conscient, préparer sa mort n'est pas un sujet qui enthousiasme. C'est même une chose qui fâche. Dans notre civilisation, en tout cas, parler de la mort « ne se fait pas ». Eh bien, tant pis ! Pour moi, c'est important.

Je prépare ma mort en essayant de laisser tout « propre et bien rangé » derrière moi. En ce domaine, mon mot d'ordre reste plus que jamais le respect. De ceux que j'aime, des « autres » et de la planète. Alors je range, je trie, je classe. J'apure les comptes, j'indique où se situent biens et avoirs. Mais aussi je fais en sorte de préserver la mémoire de la famille, de communiquer avec ceux qui m'entourent. J'ai pour ambition que mes descendants et leurs descendants puissent à leur tour profiter de la personne que j'ai été et de ce que j'ai gagné ma vie durant. Pour que la transmission se fasse. Car sinon, ce serait me renier.

Et quand je dis « transmission », je pense que le patrimoine se situe tout autant dans mes biens que dans mes chansons, ou tous les souvenirs que je vais laisser à ceux qui m'auront connu... La transmission est un tout. Un tout lui-même symbole de notre volonté de donner aux générations qui viennent, de leur permettre de disposer aussi bien d'une sécurité affective que d'une sécurité matérielle. D'ailleurs, j'ai remarqué que dans les familles où l'affectif était tronqué, les héritages l'étaient également...

Toute ma vie a été orientée en ce sens : je n'ai eu de cesse que de reconstruire des racines à ma famille, moi qui avais vu l'alliance de mes parents disparaître, et avec elle notre maison, nos objets et notre « cher passé ». Je crois avoir réussi à recréer ce creuset familial, et il est certain que j'ai maintenant à cœur de le transmettre.

Je suis très « tribu ». Et je suis convaincu du bien-fondé d'une vie qui s'appuie sur une famille unie et présente. D'ailleurs, j'ai toujours vécu avec tous les miens autour de moi, ou du moins ceux qui le voulaient, car chacun va son chemin. À condition de ne pas la vivre comme un envahissement, la communauté représente un incroyable facteur de force et une vraie fontaine de jouvence. Même les problèmes au sein de la famille, à condition qu'ils ne soient pas trop importants, peuvent se révéler autant de moments de partage.

Organisez votre départ, « mettez de l'ordre » dans vos « dernières volontés ». Organisez votre mort pour mieux profiter de votre fin de vie : c'est une recette imparable.

Et puisque vous êtes encore en vie...

Rendez-vous utile auprès des plus jeunes

J'ai remarqué que l'adolescence est souvent un moment difficile pour les parents. Les phénomènes liés à cet âge résultent d'un trouble physiologique intervenant dans l'organisme au moment de la puberté.

Durant cette phase, l'adolescent commence à se détacher des traditions familiales. Il les examine d'un œil critique et cherche d'autres formes de réalisation, un groupe nouveau auquel il pourrait se joindre par exemple. Tout ce qui est traditionnel apparaît ennuyeux, tout ce qui est nouveau, attirant.

Il est vrai que l'adolescence, si l'on se réfère aux manifestations que je viens de citer, débute de plus en plus tôt. Et les repères contre lesquels l'adolescent est censé se révolter n'existent plus pour une bonne part.

Mais tout cela n'empêche pas les jeunes de laisser parler un instinct qui, nous dit Konrad Lorenz, est inscrit au programme du comportement humain et utile à la survie de l'espèce : la propension au combat, le désir primaire de lutter pour son territoire ou pour une cause n'ont pas disparu. « L'adolescence peut être comparée à la mue du crabe qui doit rejeter sa carapace pour pouvoir grandir. Toute structure solide destinée à servir d'armature s'acquiert aux dépens d'une certaine liberté. [...] Ici comme ailleurs, la part destructive que suppose chaque transformation entraîne certains dangers car, entre le moment où l'on démolit et celui où l'on reconstruit, on se trouve momentanément sans abri et sans appui. C'est le cas pour le crabe qui mue et pour l'adolescent en crise de puberté [1]. »

La sagacité de l'expérience des « vieux » n'est jamais de trop dans ces cas-là. Je ne suis plus le père mais le grand-père, et mes réactions comme tel sont sans doute moins vives que celle des parents. Et puis, je sais qu'un adolescent a avant tout besoin qu'on lui fasse confiance...

Dans quelques années, cet adolescent se construira en tant qu'adulte, il remettra les choses à leur place, et fera peut-être preuve d'un attachement grandissant aux valeurs de son enfance. S'il a reçu une éducation suffisamment solide, il pourra alors avancer sans entrave. Je le sais, puisque j'ai été un jour à leur place. Et c'est ce recul – le fait de connaître par avance les étapes de l'existence, de les avoir vécues et de les comprendre – qui me permet de pouvoir offrir mon expérience à mes petits-enfants et de les placer dans une position où ils se sentent mis en valeur.

---

1. *Les Huit Péchés capitaux de notre civilisation*, Konrad Lorenz, Éditions Flammarion, 1973.

Par ailleurs, je dois dire que ma place de « patriarche » me vaut une autorité que personne ne conteste. Ma vie entière s'est déroulée sous le signe de la construction familiale et, même si je n'ai pas été tout le temps présent auprès des miens, j'ai sans arrêt œuvré pour leur assurer une vie digne et confortable.

Aujourd'hui, j'ai la sensation de récolter les fruits de ce que j'ai semé. Et cette pensée, que vous soyez jeune ou vieux, peut certainement vous guider : la vieillesse n'est que le résultat de l'existence qu'on a menée. Comme disait Picasso : « La vieillesse ne se guérit pas, elle se prépare. »

Préparez votre hiver !

Que souhaitez-vous, dans cet hiver ? être entouré des vôtres ? Vivre votre existence sans entrave et partir à la découverte du monde ? Vous consacrer à la connaissance, à la conquête intellectuelle ? Ou tout simplement vous reposer et jouir de votre maison et de votre jardin ? Vous le pouvez !

Mais vous n'aurez rien sans contrepartie et, surtout, sans avoir au préalable posé les briques de ces aspirations. Je vous assure qu'un tel exercice peut être très révélateur : comment vous voyez-vous dans dix, vingt, trente ans ?

Si vous arrivez à décrire l'environnement dans lequel vous voudriez évoluer, votre entourage, l'emploi du temps de vos journées, le lieu dans lequel vous habiterez, et le sentiment que vous en retirerez, alors vous avez là une piste qui peut vous mener à la réalisation de votre bonheur. Car il vous suffira par la suite de comparer votre vie actuelle à ce que vous avez en tête pour l'avenir. Et d'en tirer les conclusions qui s'imposent : êtes-vous sur le bon chemin ?

Ainsi, une femme de ma connaissance avait eu un pressentiment lorsqu'elle avait huit ans : elle s'était vue à l'âge de quatre-vingt-treize ans, seule dans une pièce, avec la mer en toile de fond. Elle avait le sentiment d'être mystérieusement reliée à une foule de gens, dont beaucoup de jeunes. À l'époque de cette vision, Internet n'existait pas et il lui fallut attendre longtemps avant de comprendre l'étrange lien immatériel qu'elle avait senti. Je vous en reparle car cette façon d'envisager le futur peut vous guider de manière très efficace, tout comme elle l'a été pour cette femme.

Par la suite, elle se servait de cette vision à chaque fois qu'elle avait une décision importante à prendre. Elle s'en inspirait, et lui posait des questions. Le dialogue entre elle-même au présent et elle-même dans sa version plus âgée a produit des résultats étonnants. Il a orienté sa vie entière, et l'a énormément aidée dans les moments difficiles. On peut dire qu'elle s'est guidée par le truchement d'une personne plus âgée qui n'était autre qu'elle-même…

Peu importe que sa vision ait été réelle ou non. Là n'est pas la question. Le fait est que cette femme a bâti son existence autour de cette vision à laquelle elle revenait sans arrêt. Elle s'est ainsi constamment « centrée » : l'avenir imaginaire lui permettait de mieux construire son présent, qui lui-même allait la conduire à son futur. Et la boucle était bouclée.

Vous aussi, vous pouvez vous créer un tel personnage à l'aide des questions que je vous ai posées, et dialoguer avec lui. Il suffit de visualiser avec suffisamment de détails la personne que vous voulez être dans le futur, et de vous y tenir.

Décidez de vos valeurs

Un milliardaire vient trouver un intermédiaire et lui demande d'arranger son mariage. Le « marieur » lui chante aussitôt les louanges d'une jeune fille très belle élue trois fois de suite « Miss Amérique ». Mais le riche prétendant l'interrompt : « De la beauté, j'en ai assez moi-même ! » L'entremetteur, avec une souplesse toute professionnelle, fait alors l'éloge d'une autre fiancée possible, dont la dot atteint plusieurs milliards de dollars. « De l'argent ? Je n'en ai pas besoin, j'en ai assez moi-même ! » répond l'autre. Changeant de registre, le marieur lui parle d'une éventuelle promise qui, à vingt et un ans, était déjà maître de conférence en mathématique, et à vingt-quatre ans vient de passer professeur titulaire d'informatique au prestigieux Massachusetts Institute of Technology.

« De l'intelligence ? Je n'en ai pas besoin », répond le milliardaire avec mépris. « J'en ai assez moi-même ! »

« Alors, pour l'amour de Dieu, que vous faut-il ? »

Et le prétendant de répondre : « Quelqu'un de bien ! Une honnête femme ! »

Voilà exprimées de manière humoristique les vraies valeurs que nous devrions poursuivre toute notre vie...

Une dernière recette ?

Pour bien vieillir, prendre une grosse cuillerée de gentillesse et de bon cœur. Une pincée de prévoyance. Une larme de soins corporels. Mettre dans un saladier rempli d'envies, de voyages intérieurs ou extérieurs, et de quelques pousses de nature. Faire cuire avec des tonnes de passion et d'entraide. Servir chaud et souriant, avec un air de guitare…

Telle est mon idée de l'existence.

Ce qui me ramène à la plus puissante des motivations pour « rester jeune » : créer. Je laisse parler Anne Floret-Van Eiszner, une psychologue dont j'ai lu avec intérêt l'ouvrage, *Des enfants bien dans leur peau* [1] : « La seule véritable raison de vivre est, pour l'être humain, la possibilité d'être créatif, quelle que soit cette création. C'est une liberté intérieure qui se nourrit d'intuitions. »

Nous avons d'autant plus besoin de créer que le monde se referme sur lui-même. La surpopulation, les dangers qui nous menacent et les lois que nous avons mises en place nous contraignent de plus en plus. L'armada de principes qui nous gouvernent, les obligations diverses et les précautions que nous prenons nous étouffent.

C'est pourquoi il faut nous saisir au plus vite des quelques espaces de liberté restants.

La création représente l'un d'eux. Écrire, chanter, peindre, sculpter, cuisiner, fabriquer des meubles, calligraphier, rempailler des chaises, faire du modélisme ou décorer une pièce, trouver des solutions aux problèmes des autres ou faire du jardinage, tout ce qui nous permet d'exister librement… À quelque niveau que ce soit, la possibilité d'inventer des idées, des couleurs, des objets ou des comportements remplit notre existence de sens. Dans cette optique, nous pouvons tous être créateurs.

La créativité permet de rester jeune dans la mesure où elle nous transcende et nous conduit au-delà de nous-mêmes,

---

1. Éditions Flammarion, 2005.

dans une dimension riche en satisfactions. Et, comme vous le savez maintenant, notre corps se délecte lui aussi de notre bonheur, ce qui nous maintient en forme physiquement.

*
* *

Il y a fort à parier qu'au cours de la journée qui vient de s'écouler, vous avez su faire preuve de créativité dans un domaine ou dans un autre.

Il y a fort à parier qu'en lisant cet ouvrage, quelques idées vous sont venues. Peut-être des aménagements à votre vie, des expériences à faire, des questionnements, de nouvelles personnes à contacter.

Tout cet art – au sens large – qui vous anime, si vous le dirigez vers les autres, vers la convivialité, le partage et l'échange, alors vous aurez gagné la bataille qui consiste à vous rendre vous-même heureux et à distribuer ce bonheur autour de vous. Ouvert aux gens, aux idées et aux expériences, plein d'humour et de sagesse, vous pourrez désormais affronter la vieillesse différemment. Et vous entendre dire « tu ne fais pas ton âge », vous aussi !

C'était là mon ultime secret.

Quant à moi, il me suffirait de savoir qu'au cours de cette lecture vous vous êtes senti tour à tour concerné, compris, aimé, aidé… Cela voudrait dire que j'ai rempli ma mission et que je vous ai correctement transmis ce qui m'anime depuis tant d'années.

Je vous souhaite bon vent !

– ÉPILOGUE –

SUR UN AIR DE GUITARE...

Je voudrais ici vous dédier cette chanson. Puisse-t-elle vous inspirer...

Jeune pour toujours
(Forever young)
Hugues Aufray-Bob Dylan

Puisse Dieu aimer te protéger
Puisse Dieu exaucer tes souhaits
Puisses-tu toujours donner aux autres
Et les autres te donner

Puisses-tu bâtir cette échelle aux étoiles
Gravir toutes les marches du ciel
Puisses-tu rester... jeune à jamais

Jeune pour toujours
Jeune à jamais

LA JEUNESSE N'A PAS D'ÂGE

Puisses-tu vivre
Jeune à jamais

Puisses-tu grandir en vertu
Et aux heures de vérité
Puisses-tu mettre ton âme à nu
Aux lumières de nos clartés

Puisses-tu être l'homme courageux
Toujours loyal toujours droit
Puisses-tu rester... Jeune à jamais

Jeune pour toujours
Jeune à jamais
Puisses-tu vivre
Jeune à jamais

Puissent tes mains être en chantier
Et tes pieds toujours plus vaillants
Puisses-tu résister aux ambitions
Quand les grands vents tourneront

Puisse ton cœur battre l'*Hymne à la joie*
Puisse ta chanson toujours chanter
Puisses-tu rester... Jeune à jamais

Jeune pour toujours
Jeune à jamais
Puisses-tu vivre
Jeune à jamais

(Auteur : Hugues Aufray. Compositeur : Bob Dylan.
Éditeur : Ram's Horn Music)

REMERCIEMENTS

Je tiens à remercier :
Michel Lafon, Virginie Michelet, Huguette Maure et toute l'équipe de la direction littéraire.
Monique Monet, toujours fidèle et efficace.
Alain Marouani, mon ami.

Mais encore, pour leur participation et leurs témoignages :
Charlotte et Oliver Campardou, de l'asinerie de Feillet, à Castelnau-Durban. Le Dr Roland Sananès. Le Dr Jean-Yves Maigne et son père, le Dr Robert Maigne, qui a soigné ma mère autrefois. Marie-Christine, Anne Floret-Van Eiszner, Maud Séjournant, Nanou Gorwood, Manoël Collon et Jean-François Bobulesco.

TABLE DES MATIÈRES

Direction littéraire
Huguette Maure

assistée de
Sophie Renoul

Mise en pages : Compo-Méca sarl
64990 Mouguerre

Impression réalisée sur CAMERON par

La Flèche
en mars 2007

Imprimé en France
Dépôt légal : avril 2007
N° d'impression : 40702
ISBN : 978-2-7499-0553-2
LAF : 892

R.C.L.

NOV. 2007

G